365日、海で遊んでみませんか？

▲ コイツには魔力がある

▲ 大好きな海の道

サラリーマンでも持てる、海の別荘

クルマじゃなくて、ボート^□^を買おう!

小谷和彦

～海の別荘を覗いてみると…～

●この本に登場する遊海2(ヤマハSC32)の主な部分の名称と内装。平均的なボートの構造で、海の別荘として十分満足できる設備を持つ。

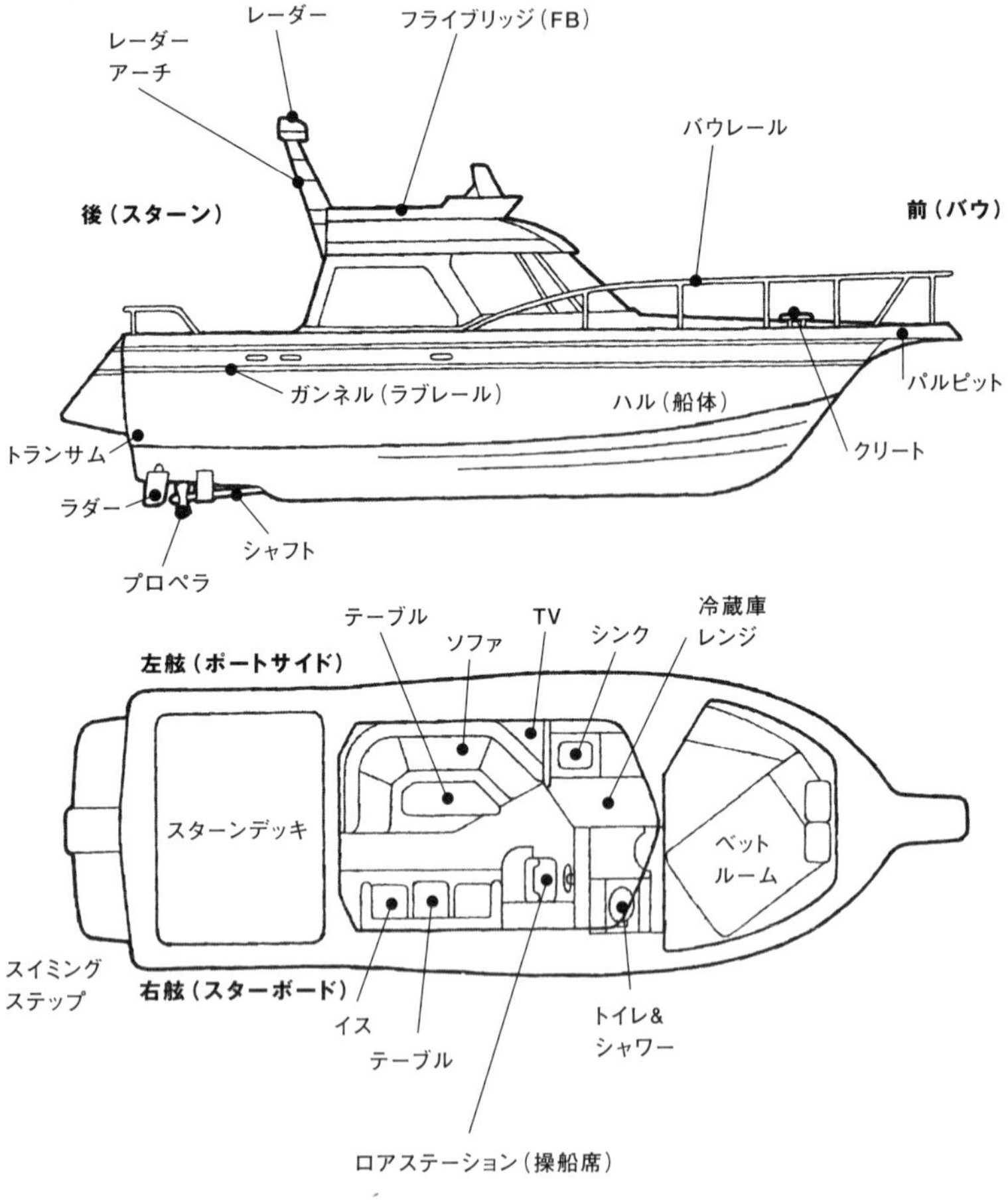

船舶気象通報

放送時間	内容
毎時の21分30秒 3分10秒	1670.5kHzが受信できるラジオで聴取可能。 局地的な風向・風速・波・うねり等の気象・海象の現況を提供。
毎時の18分30秒 9分50秒	

サービス　野島埼　0470-38-5677
　　　　　御前埼　0548-63-1177

ラジオ気象通報

局名	周波数	放送時刻
NHK 第2放送 （全国中継）	東京 693MHz	0910 1600 2200
ラジオたんぱ	3.92MHz 6.05 9.59	0530

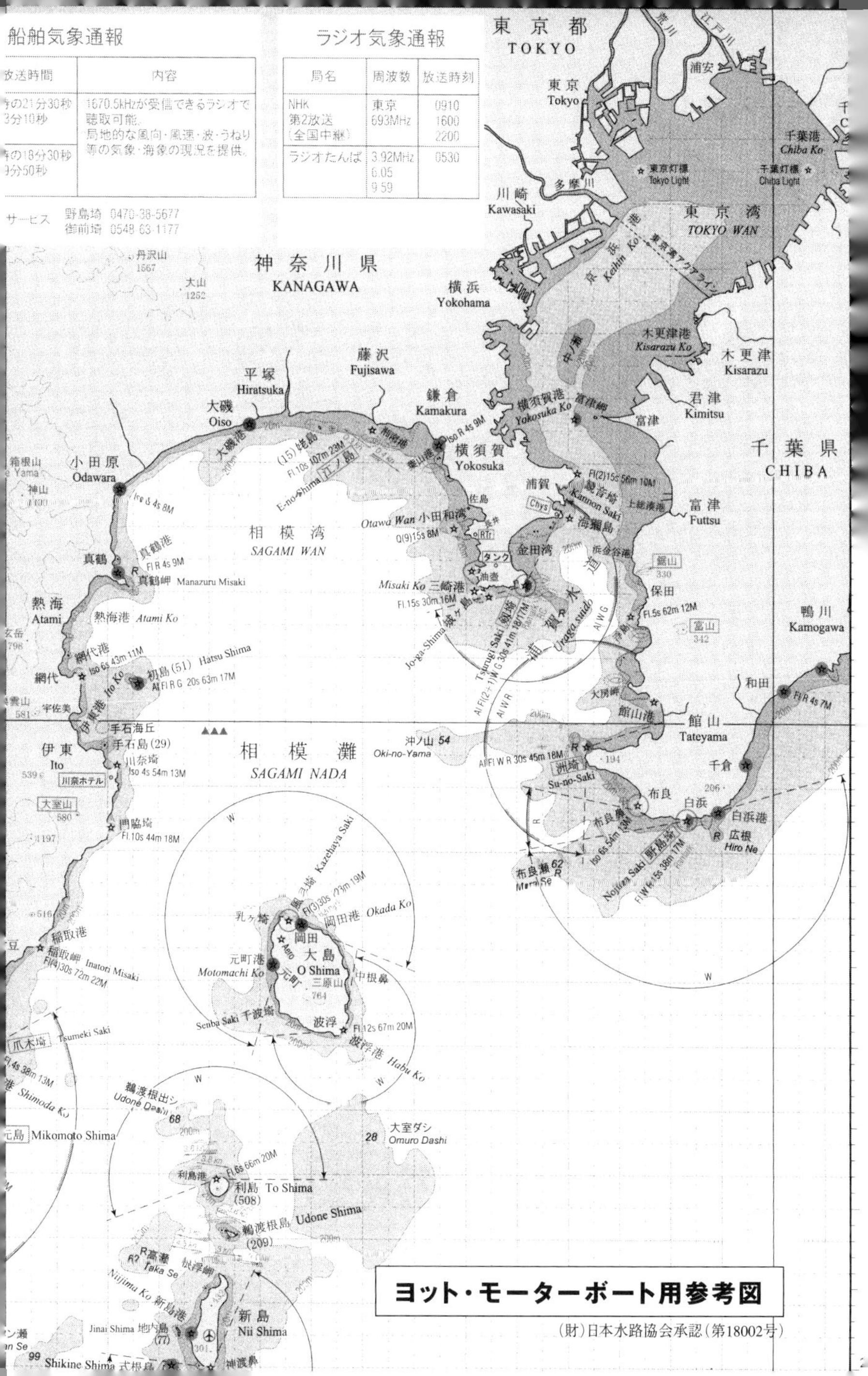

ヨット・モーターボート用参考図

（財）日本水路協会承認（第18002号）

もくじ

序章　おひとつ、大人の海はいかが？ …… 9
・マイボートを持とう！

第1章　禁断の世界へようこそ・・・ …… 21
・怪しげな面々
・あたり一面、重症イジリー患者です
・ボートストーリーは突然に
・お名前をつけなきゃいけません
・ド素人、初購入なんてこんなもん

第2章　何をするんですか、師匠！ …… 41
・出したくても、出せないんです！
・3匹の侍、現る

第3章　魔法のボート、初航海は横浜だ！ …… 55
・さて、舳先をどこへ向けましょう
・異種格闘技、敵はGPS、あっさり敗北
・秋麗の中、横浜へ行こう！
・ジャンボなやつが、空にも海にも
・港・横浜、いよいよ着岸
・横浜は、やっぱりラーメンじゃ！

第4章　東京湾脱出！　三崎でイカ丼！　75
・東京湾・脱出計画
・さあ、週末の冒険がスタート！
・観音埼から浦賀沖へ
・アシカにご挨拶、東京湾出口へ
・三崎港へリーチ！
・三崎の味に感涙、です！

第5章　初めての冬、イジリー選手権と初日の出クルーズ　107
・イジリーだよ、全員集合
・年越しそばから初日の出へ
・洲埼沖に、光が射した

第6章　第二期欲しい欲しい病の発病　123
・1級免許を取らなくちゃ！
・で、2艇目は何にすんの？
・ご対面で一目惚れ

第7章　謎の集団と第四の男　135
・ボートオーナー集団を発見
・初顔合わせはタイクーン

もくじ

第8章　「マリンキッズPOO」との出会い……147
・一緒に海を楽しもう！
第9章　ついに念願の島へ出航！……157
・新島へ行こう！
・いい天気、いい海だぁ
・100点満点の温泉、寿司、夜景
第10章　水着の女の子とウハウハ富浦クルージング……181
・先生！　水着の女の子がやってきます！
・ボート版完全ご接待マニュアル
・ボートから飛び込め！　富浦の海
第11章　嵐の夜はハリケーンパーティー……199
・ちょいとマリーナ行ってくる！
・これだけはボートに積んでおけ！
・ボートの大は、小を兼ねるか？
第12章　卒業試験は魅惑のロングクルージング……217
・目指すは瀬戸内・淡路島！
・作戦会議！　航海計画

・卒業試験は4時半出港
・御前埼、大王埼、そして英虞湾
・低気圧のちイルカ晴れ！
・尾鷲にタッチ＆ゴー
・青い青い、西伊豆・岩地漁港
・石廊埼でキリキリ舞い
・最後の最後にそりゃないよ！

満足度120％のおすすめクルージング
その1　煮るなり焼くなり！　保田漁港・海鮮満腹ツアー　259
・さかな、さかな、さかな♪
・保田は聖地なのだ！
その2　川面から見上げた「江戸」の町・神田川周遊ツアー　269
・東京にパナマ運河があるって!?
・お江戸日本橋のヘソを見た！
[番外編]マリーナで結婚式　281
・お騒がせしました！
あとがき　286

装幀・本文デザイン　横山文啓
イラスト　加藤裕將
協力　特定非営利活動法人「海の会」
企画協力　大橋一陽

☆必ず読んでください☆

本書に掲載されている内容はあくまでもアドバイスです。

実際に行動する際は、すべての安全を個人の責任において確認してください。

万が一、本書の内容が事故やトラブルの起因となっても、著者、出版社、発売元は一切の責任を負いません。

序章

おひとつ、大人の海はいかが？

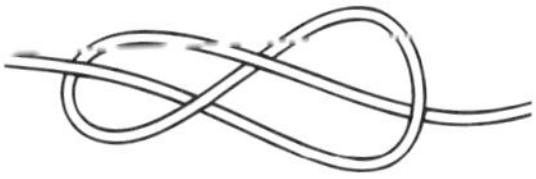

［8の字結び］

マイボートを持とう！

ぶしつけですが、この本を手にして頂いた皆さんに、一つ質問をさせてください。

「海、好きですか～？」

（……僕が耳を澄ます前に、即座に答えが返ってきた！）

「は～い、当たり前じゃない！　海、だぁ～い好きですよ」


ああ、よかったぁ～。

海が大好きなあなたにだったら、ここから先、ドッカと腰を据えて、ゆっくりと海の話ができる。海大好き人間の僕は、

「私も、海が大好きですよ！」

と答えてくれただけで、たとえ初対面の人とでも、まるで旧来の友人のような近さを感じるのだから、人間不思議なものだ。

僕は……海が好きで、好きで、たまらないのですよ。

海のそばに行けば、すぐさまどこか腰掛けられる場所を探し、缶コーヒーでも飲みながら彼

方からやって来た波を数え、潮風が頬をペロリとしていくだけで、それはそれはご機嫌な時間。ましてて海の上にプカプカと浮かんでいられるなら、極上、この上ない幸せ。

しょっちゅう会っていると親しみが湧くのは人間も海も同じで、毎週末、夏でも冬でも海の上で過ごす僕は今までのどんな恋人より上に「海」をおいているのだ。

しかし断りを入れておくが、この本は「海が好きな人」に限って捧げたものではない。

僕は新しいフィールド、新しい友、新しい生きがい……そんな何かを見つけようと思っている全ての方に向けて、

「あなたの人生は、この『ツール』を持つ事によりこの先大きく変化してしまうかもしれないですよ！」

という提案をするつもりで、これを書いてみたのだ。

僕には幸いな事に、20歳上にも、同世代にも、20歳下にも、仕事も肩書きも関係ない仲間がいる。そしてその多くが家族ぐるみのお付き合い。これって、とても嬉しい事だと思う。大人になってから仕事の関係値のない友をつくるのは、普通では難しい事だろう。

そして「君がこんな幸せな状況に包まれた、その理由は？」と聞かれれば、僕は「ある『ツール』を手にしたからです！」と即答するだろう。

ところで「海が大好き！」と言ったあなた！

僕は今、一年中海を楽しんでいるが、あなたは今、存分に海を楽しんでいるだろうか？

どんな遊びでも「大人の世界」と「子供の世界」があると思う。

ギラギラと太陽が照りつける真夏の海水浴場に、場所取りのため早朝から出かけ、河川敷で見るようなブルーシートを敷いて、楽しみは海の家で売っているビールとお祭りの2倍はする焼きそばだけ。どんなに暑くともじっと砂浜に寝続け、肌の焼き加減だけで満足度を計る海遊びからは、大人になった今、ちょっと卒業したいと思う。

ここは歯を食いしばってでも「大人として、海を存分に楽しむ方法」を模索したい。

少なくとも大好きな海に出かけて充電できないばかりか、疲れだけ残るようではいかんのだ、これは譲れないのである。


しかし僕が住むのは大都会・東京。

渋滞が当たり前の真夏の海へのルートでは、その混雑ぶりに耐えるのは修行に近い。しかも、日本には四季がある。真冬の海はピューピューと北風が吹き、とても楽しむどころではない。

そこで、僕はじっくりと考えたのである。

「この日本、この東京でも、『一年中、海を楽しむ方法』はないのだろうか?」

さぁて、それではLadies & Gentlemen! お待たせ致しました!

せっかくこの本を手にして頂いた皆さんに、たった一つと思われる、この悩みを解決する方法をお知らせします。

サラリーマンの僕でも実践できる、極上の、大人の海の楽しみ方、その「ツール」とは……。

「海に浮かんでしまいましょう!」

「……え、なんですって?」

「ボートで浮かんでしまいましょう!」

「……ボートで!?」

「そう、ボートです!!」

「ボート!」

水に浮かぶ気持ちよさを、もう一度イメージしてほしい。

人としてその姿を完全なものにする前から、母の羊水の中で浮かんでいるあの感覚。その後増えた理性や知識が人に水への恐怖心を植え付け、それが分かってきたからこそ、人間の限界を超えたスピードで水上を走った時にだけ感じるこの快感！

この魔法の乗り物を手にするオススメをこの本を通して〝あなた〟にしたいのだ！

確認しておくとこの本の主人公はヨットではなくボートである。一般の方にはヨットでもボートでも大して変わらない話なのだろうが、実はこの二つ、大きく異なるのだ。

よく「船を持っているんです」という話になると、ほとんどの人が、「いいですね。今度お持ちのヨットに乗せてくださいよ！」と返してくる。

ふう、ヨットじゃないんだなぁ……、ボートなの、ボート！

非日常品だけにイメージが薄いのか、一般の人はボート＝えっちらおっちら手で漕ぐものと思っているようだ。じゃあエンジンとキャビンが付いているものはなんて言えばいいの？

え～？　クルーザー？　クルーザー？　冗談でしょ～‼

こっちはクルーザーっていうものは地中海やモナコとまでは言わなくとも、最低40ftはあってデ～ンとしている船の事でしょ、っていう意識。おこがましくって30ft前後じゃ言えないよ。やっぱりこれは「ボート」なんだよな。

僕の提案を受けたほとんどの人はこう言うだろう。

「ボート遊びは楽しそうだけど、金かかりそうだし、敷居高そうだし、僕にはムリだよ……」

と。


なるほど、確かに。

では最初にお金の話をしましょう。

ほとんどが中古で成り立っている日本のボート業界では、皆さんが思っている以上に中古市場が確立されている。しかし残念なことに、その情報はあまりにも一般の目が届かない場所にある。かつて外車が特別だった時代に、あるディーラーに行かないと高級外車を買うことが出来ず、まるでお客が車を「買わせて頂く」ような商売形態だったことがある。しかし、今や誰でも中古で高級外車が手に入る時代だ。

同じような世界が今の日本のボート業界である。だからこそ僕は声を大にして言いたい。

「皆さん注目してください！　中古のベンツやBMWよりもよっぽど安い金額で、立派なボートが買えますよ！」

そう、上を見れば何億円とキリがないこの世界だが、入門のための「そこそこボート」ならば、決して高嶺の花ではない事を言いたいのだ。

特に最初は新艇なんか必要ない、中古で充分。車と同じか、それ以下のお値段で結構いいものがゴロゴロありますよ。

おまけにボートには車遊びにはない、特筆すべき魅力がたっぷりある。

爽快なはずのオープンカーも、都心では目の前にバスやトラックの黒煙。おそらく道路は渋滞で、スピードを楽しむのも難しい。

しかし海の上ではどうだろう。充分なフレッシュエアに包まれた、渋滞のない世界が果てしなく水平線の彼方まで広がっている。

もう一つ畳み込もう。普通の車でシャワーは浴びられないが、「そこそこボート」になるとトイレどころかシャワーもダブルベッドも、エアコンもテレビも、そしてキッチンまでもがある。大好きな彼女とゆっくりと泊まる事ができる。そう、ボートは「動く別荘」なのだ。

おまけに、走らせてナンボの車趣味と異なり、ボートはたとえ走らなくても充分に楽しい「マリーナステイ」という独特のお楽しみがついてくる。

おまけにこの別荘はなんと、遠くの港や島まで自力で動くのだ。

おそらくここまで聞いても、あなたは反論するだろう。

「しかし、どうやってボートなんか買うの？　そもそもボート屋さんなんて、街の中で見た事がないよ！」

「海の知識がまったくない僕は、とても不安。ボートを買ってもどこでどうやって遊べばいいか分からないよ！」

知らなければ入りようがないこの世界。だからこそとてつもなく高く見える敷居を少しでも取り払って、多くの海仲間が増えるようにと、いわばボート世界への手引きとしてこの本を書く事にした。

初めに断っておくが、僕は海やボートの専門家ではない。世界の海どころか日本一周もしていない。おまけにメカ通かといえばさにあらず。始業点検以外は自分でろくなメンテナンスもできない。毎週のように乗っているとはいえボート歴はわずか7年。航行時間ものべ１２００時間程度にしかすぎない、やっと初心者から抜け出せた程度のレベルなのである。

だからこそ自分がまったく分からずに手探りで通ってきた道を、忘れてしまう前に記しておきたかったのだ。今の僕には、やっと探し当てたボート世界の入り口や、乗り越えてきた高い敷居の記憶がまだ鮮明に残っている。僕はもっと多くの人にボートの快感を知ってほしいし、ボートが大好きな仲間を増やしたいのだ。

では、そんな魔界のようなボート世界に僕がどうやってのめり込んでいったのか。

もういちど言おう。

この本は数年前までズブの素人だった僕が、爪の先だけを引っ掛けながら、なんとかたどってきたボート世界を、できるだけ克明に、忠実に、書いてみたものである。それゆえにこれは、皆さんがこれから歩むであろうボートダンジョンを導く、「海図」でもあるのだ。

ふっふっふっ、どうぞ一時も手放す事なく、心してお読みくだされ……。

第1章

禁断の世界へようこそ…

[巻き結び]

① 怪しげな面々

「明けましてプレジャーボート！」

「今年もマリーナ！」

……ったく、なんなんじゃ〜この連中は。

場所は東京都江東区。僕が愛してやまないプレジャーボート「遊海《ゆかい》」を置いている東京湾奥・夢の島マリーナのＷバース※は、今年もこんなヘンテコな挨拶から始まった。

関東地方でもかなり大きな規模であるこのマリーナに契約されているボート・ヨットの数はざっと５００艇ぐらいだろうか。その中で僕のボートがあるＷバースには20艇強が舫《もや》い※を取っている。

で、冒頭の会話に戻ると、ここの住人の挨拶が変わっているのだ。

彼らはウイークエンドをしこたま遊び終えて帰る日曜日の夜、桟橋を離れる際に、

「それではお先に、また『毎週』！」

と言って帰る。毎週？　そう、毎週マリーナで遊ぶのが当たり前だから、「また毎週」。

※バース［①マリーナ内のボートの係留場所。②船内で寝泊まりするベッド。］
※舫う［ロープを使ってボートを桟橋などに停めること。またその様子。］

▲ もうゴミの島とは言わせない！　海男たちの愛艇が、ズラリと並ぶ夢の島マリーナ

彼らのいでたちといえば「Tシャツにぼうぼうヒゲ」、「丈の短かいスラックスにスニーカー」。「まさか!?」と思い振り返ると、そこにも「毛糸のセーター に裸足」、「作業服に単靴」などという誰も彼もが怪しさ100点満点のめちゃくちゃなファッションで突っ立っている。この場にファッションチェックの専門家なんかがいたら半狂乱でしょうな。

しかし……怪しい、徹底的に怪しい。この格好じゃどこかで職務質問されても仕方ないですよ。

とにかく一体何をもって生計を成り立たせているのか、まったく不明のオジサン達がワシャワシャいる巣窟がここである。おまけに、

「この人はマリーナに来る以外に、やる事がないのだろうか？」

という疑いを抱くほど、マリーナへ出席する率が異常に高い。

いい例としては、「グランドバンクス（通称グラバン）」というボート乗り憧れのトローラーがあるのだが、「いつかはグラバン」をもじって「5日はグラバン」と呼ばれている、週に5日もマリーナに顔を出すグラバン乗りもこの桟橋には存在する。しかもそれをまったく普通の事だと思っているここの住人たち。その人達の物語だから、この先、非常識な部分がたくさん出てきます。

「出てきますよ！」と断った事によって僕はすでに免罪符を手にした気分なので、このあとは

この変な人達が繰り広げる素晴らしき、愛しきマリーナライフを、何も気にする事なく、すべて語ってしまおう、と思う。

ではこの章の要点をQ＆A形式でおさらいしておきましょう。

Q：「なぜこんなにも多くの人々が、毎週毎週マリーナ通いをしてしまうのか？」

A：「そりゃぁ、ボート遊びって、楽しいからですよ！」

あたり一面、重症イジリー患者です

まず彼らの傾向であるが、ほとんどの人がコツコツと自分のボートに手を入れている。

昨今、車世界ではエンジンのコンピュータ化が著しく、おいそれと素人が手を出せなくなってきているが、ボートのメカニズムにはまだ素人の領域が残っているような気がする。それよりも何よりも海の上でボートが故障した時、もしメカの知識がゼロなら、ただひたすら救援を待つ以外に打つ手がなくなる。これは心細いし、当然、命の危険もある。

そうなりたくないから、ボートを持つとセルフディフェンスとして、多かれ少なかれメカに興味を持つようになるのだ（もちろん人間、得手不得手があるので、工具箱すら積んでいないキャプテンがいるのも事実だが）。

そうやって機械いじりに馴染んでいくうちに、今度はカスタマイズド・ワールドに入っていく。

この一連の流れは、基本的には、

「自分のボートに新しいものや便利なものを〝欲しい欲しい〟病」

に冒されている症状の一環だと思うが、最終的には常に船のどこかをいじくり回していないと落ち着かない、ボート乗り特有の「立派な病気」と診断されるのだ。


この病が発症した患者達を、我々仲間内では愛を込めて〝イジリー〟と呼ぶ。

しかもほとんどの〝イジリー〟は手の施しようがないほど重症である（しかし重症患者ほどエンジンや改造の知識が豊富なので仲間からは一目置かれる。この辺が世間一般の病気とは異なり不思議なところ。患者と教授が紙一重なのだ）。航海計器や電装品の取り付けは当たり前、ついにはチーク材でのデッキ張りや、船内のレイアウト変更のような大掛かりな大工仕事まで、まぁどこで買ってきたのやら、ギュンギュン回る機械やガァガァ唸る工具をところ狭しと桟橋に並べ、ごく普通の人が想い描く、

「マリーナで船遊びですか、そりゃ、優雅なご趣味ですなぁ～」

という世界は遥か幻想の彼方に、それこそ伝統工芸職人顔負けで、眼差しキリリと材料をそ

の手に高く掲げ、5分間も、10分間も、

「う〜ん、これ、どうすっかなぁぁ……」

なんてキタナイ格好のまま上目遣いで唸っている。

このイジリー魂剥き出しの姿だけは現代の銘工100選に入っても不思議ではないのである。

その迫力には、しばし話しかける事もためらわれるのだが、……しかしふと我に返る。

ここは、マリーナだった。本来ならゴージャスな光に包まれた空間であるべきところ、こんな光景あり得な〜いでしょ。


そんな発症中のイジリー軍団に囲まれたマリーナ生活が、今年もたった今、スタートしたのである。おお怖っ。

ボートストーリーは突然に

僕がボートワールドを覗いたのは今から遡る事8年前、35歳の時。

僕は22歳で大学を卒業し、ある放送局に就職した。

皆さんが漠然と考える放送局＝芸能人とウハウハ、という生活とは程遠く、僕の仕事はコマーシャルの枠を売る営業マン。

毎朝８時には出社し、ミーティングののち９時すぎには会社を飛び出す。与えられた得意先はなんと１２０社。極寒の冬でもなぜかコート着用が許されない変な社風のなか午前中に２件、午後に４件のプロモート。冬では真っ暗となる６時半ごろに帰社し、それからその日の売り上げ報告、上司からイヤミをたっぷり浴びせられＫＯ寸前の状態で日報を書く。晩飯はいつも店屋物。そこから社内調整や社内営業、提案書作成や会議などで、帰宅はいつも深夜という生活をなんと11年間も！　まじめに続けた。

成功と挫折、叱責と僅かな賞賛のくり返し。一年中、大波の中で走っているような生活だった。

結局、他にもいろいろな要素が絡み合って、人生のけじめとして僕は13年間勤めた会社に辞表を出した。

１９９７年のことである。

このままの人生でいいわけがない。

ゆとり、喜び、生きがい、趣味。

ワーカホリックに近かった当時の僕はどれも持っていない。

しかし、会社を辞めても楽天的性格だけは変わっていなかったのが、救いと言えば救いだったのだろうか。

手には13年分の退職金と数百万円貯まっていた社内預金。タイミングよく次の仕事を確保できた、その心の隙間を狙って、海の上から悪魔がやってきた。

「パァっと使っちゃえ、ボート買っちゃえ、ごほうび、ごほうび」

営業マンはたとえ相手が悪魔でも、営業されるとえらく弱いのだ。

悪魔がすぐ横で見ている事にも気づかず、一軒の本屋で僕が手にした本には、今思うに豪華な50ft超のプリンセスかフェアラインあたりの外国艇だったような気がするが、真っ白なバウデッキにコンピュータでデザインしたような贅肉のまったくない柳腰スタイルの金髪お姉さまが、

「うっふん♪ポーズ」

……をつくって僕を誘っていた。

「シャキ〜ン」

僕は生来持っていた、「本能的に、海に回帰願望があるDNA」(つまり、海が好きDNA)

が刺激を受け全開となり、この時間的余裕と突然手にした小金を武器に、無謀にもボート免許を取る事とボートを持つ事、すなわちボート世界に入る事をその場で唐突に決めたのだった。勢いとは恐ろしいもので、なんの知識もないのに、なけなしのお金をはたいて預金残高限りなく０円への道を、瞬間的に決めてしまったのである。そういう意味じゃ僕は冒険家だな。

そして、決めたからには即実行！　その専門誌の広告を頼りに、当時の４級船舶免許講座（現在２級小型船舶免許）の手続きを極めて短絡的に始めたのであった。

多くの女の子はデートコースに、

「ねぇ。海が見たいの……」

ってオネダリするし、本能を剥き出しにした男もそれに応えるがごとく、

「へい！　彼女、海までドライブしようぜ！」

と誘うもんだ（へい！　とは言わないか……）。

海とは男と女の心を開放させる格好の小道具（大道具？）なのだろう。

しかしボートを持ってさえいりゃぁ、自動的に海はついてくる。これだけで人生大プラスだろ！　よ〜し、決定！　海、海。ボート、ボート。

今でこそ「海の魅力とは……」などとえらそうに理論武装しながら語っているが、正直に言おう。ボートに興味を持った背景にはこんなにも不純な考えがあった。

……こんな、よこしまな欲望を伴った人間の行動には、エッチなターボが自動的に装備され、全開で手続きを終えた僕は、横浜で開催される免許講習会に飛び込んだ。

「あ～、これだよ、これ！　ねえ、オレって海の男？　潮っ気タップリでしょ？」

横浜港で免許講習中のアンチャンなど、誰一人として見ているわけがないのだがしかし、陸地から万人の熱視線が注がれているような気分になるのが船上の不思議だ。興奮と妄想の渦巻きに浸りながら夢うつつに過ごした実技講習。

取得したから言うわけではないが、海の普通免許といわれる2級小型船舶免許（旧4級）を取るのはさほど難しくない。普通の人が普通に勉強すれば、まず落ちないと思う。まぁ自動車免許ですらも落ちる人がいるわけだから「絶対に受かります！」とは言えないが、落ちたら恥ずかしいぐらいの確率で合格するのがボート免許だ。陸《おか》生活では見た事も聞いた事もない専門用語が飛び交う海社会だが、一つ一つ法令や用語を覚えていくたびに、不思議にもいっちょ前に船乗り気分ができあがっていく。こうして辛《つら》いというよりは楽しんでいる数週間ののちに僕は、「4級小型船舶操縦士免許（当時）」を無事、手にした。

さぁ、海へ出る日が、また一歩近づいてきた。

お名前をつけなきゃいけません

そして免許取得と並行し、初めての自己所有艇探しを、僕は着々と進めていった。

買うボートの候補すら決まっていない僕は、参考書としてボート専門の月刊誌を3誌、4誌と購入した。仕事を終えて家に帰るとベッドにもぐり込み、枕元に並べておいた専門雑誌を端から順に手にとって、うつぶせ姿のまま、舐めるように目を通す。

「う〜ん、楽し〜い！　ど・れ・に・し・よ・う・か・な〜！」

これから広がるボートワールドを激しく妄想しつつ、一方で電卓を弾《はじ》いて予算とにらめっこ。

こんな状況の中で、僕はなんと、フライング気味に船名だけ決めてしまったのだ。

まず初めに僕は「ゆかい」という音だけ決めた。だってゴロもよく、楽しそうだったんだもん。その音にいろいろな漢字を当て込んでいく。

「かい」は当然「海」でしょ、他に候補はなし。

あとは「ゆ」ですね。……湯、油、輸、愉と探している中で「遊」に出会った。

おお、これ、いいじゃないの！

「海で目いっぱい、愉快に遊ぼう！」って事で。

こうして僕のボートに「遊海《ゆかい》」という名前がついた。

自己採点120点の満足度である。


この船名を決めるという作業は、かなり楽しい。

オーナー社長さんは自分の会社の名前、パパはお子さんの名前などから船名をつけるのがポピュラーなようだが、僕が今まで海で出会った、僕なりに選んだ秀作は、

「沖楽《おきらく》」「ウカンデーラ」「タートル（スピードが遅いので、半ば自虐的に）」

「KYOUSYUKU－MARU（梨元芸能リポーターのボート）」「あぶのー丸」の5艇。

来《きた》るべきオーナーとなる日にあわてないよう、今からあれこれと名前を考えてみたらどうだろう。そうだ、老婆心ながら愛人の名前などをこっそりつけると、なぜか奥方にバレる可能性が高いようである。ブルブル。

ド素人、初購入なんてこんなもん

さてと……まだ見ぬボートに「遊海《ゆかい》」という船名だけが早々とついた。

さぁ、どんなボートを買えばいいのだろうか。

何しろ当時ズブのボート素人であった僕は知識がゼロに近く、選択肢や迷い道すらなかったのだ。ボートのメーカー名もさる事ながら、大体ボートなんてシロモノを売っている姿を見たことがない。普通の人は「ボート屋」なんて生まれてこのかた見た事がないですよ。どこにあるんだろう、ずらりとボートが並んで、カラフルなのぼりが立っている「ボート屋さん」……（一応、中古車販売店のイメージ）。

おまけに相場も知らなきゃ、違いも分からない、もちろん周りに詳しい人もいない。

ナイナイワールドの中、数少ない情報源はボートの月刊専門誌とインターネットのホームページ。その中で展開されていたある広告に、僕の眼は釘付けになった。

「おお、このボートはかっちょええなぁ〜。２階席（今思えばフライブリッジの事）もあるしなぁ（……モヤ）」

「Ｗサイズのベッドがあるし、シャワーもあるなぁ（……モヤモヤ）」

「おまけにお湯も出るし、電子レンジまであるぅ〜！（……モヤモヤモヤ〜！）」

妄想の中に浮かび続けてきた輪郭の、ぼやけたエッジが見えてきた。

「……これ欲しいでヤンス！」

私の中で初めての「欲しい欲しい病」が発病した瞬間だった。早速、広告元へ電話をする。

「ド〜モ、ふんふん。ほう、そちらは千葉ですか。何、今お店に実物が置いてあるって？　はい、ただいまスグに！　20分ちょうどで、伺います！」

……ったく、これじゃどっちがお客だか分かりゃしない。こんな発病中の素人相手だったから、ボート屋さんもさぞかし売るのは簡単だった事でしょう（笑）。

おまけに買うって決めてから出かけたものだから、商談も早かった（大体チェックしようにも知識がゼロでできないのだが）。

さあさあ、かくして僕はまったく勢いだけで、ボートオーナーの仲間入りを果たしたのでありますよ。

そうなったら今度は置き場所の確保だ。

僕に装着されたターボは相変わらず「ヒュイ〜ン」と全開状態なので、お店を出たその足で早速近場の２カ所のマリーナを見て回った（いやこの時は完全に仕事はそっちのけでしたね）。

だいたい東京湾でボートを置けるマリーナがどれぐらいあるのか、どこにあるのかもよく知らないので見に行く場所も業者のオススメのまま。ただ少々高くても設備がきちんとしている場所を選びたかった。そんな中、候補が二つ挙がった。

一つは海からクレーンで揚げて、ボートを陸上保管する浦安マリーナ、そしてもう一つが海上に係留※したまま保管する夢の島マリーナだった。

当時のボート屋さんと僕との会話をかなり忠実に再現すると……、

「(店) お客さんのボート遊びのイメージはどんな感じですか?」

「(僕) どんな感じって……」

(はっきり言って、な~んもなし。あるのは雑誌広告同様のバウデッキ上の金髪美女と、なぜか年中真夏で、サザンの音楽と共にギラギラ輝く太陽ぐらい)

「(店) 会社の帰りにふら~っと船に立ち寄って、星空の下でお気に入りの一杯をやるっていうのもいいもんですよ~」

「(僕) (なぬ、星空の下ですと~!　激しくグラグラ) うん、当然そのスタイルはあるねっ」

「(店) じゃあ、陸に揚げておくより海上で係留するほうが何かといいですよね」

「(僕) うん、そうそう、僕もそう思ってたんよ、チミ~、分かってるね~」

※係留［水の上に浮かべたまま、ロープなどでボートを繋ぎ留める事。ボート本来の保管スタイル。］

その通り。百戦錬磨の商売人は客との交渉術を分かっているのである。分かってないのはド素人のお前だけである、と、もしも誰かがそのやりとりを見ていたら、間違いなく全員が突っ込んでいたに違いない……。

こんな話を聞いたあとだから、仕事帰りにマイボートに立ち寄り、コーヒーでも挽きながら心を癒し、懸命に違いを分かろうとしている自分の姿が浮かんだ。

う〜ん、なんてラブリーなシチュエーション！

頭の中では妄想ターボがまたまたヒュイ〜ンと稼動。こうなれば選ぶマリーナは、海上係留で職場や家から近い場所という事になる。

こうしてホームポートはそう多くない候補の中から、東京湾で横浜に次いで2番目の規模である海上係留保管の「夢の島マリーナ」に決まったのだった。

ああ、時の歩みのなんと遅い事よ。毎日が遠足前日の子供のようなドキドキ気分で過ごした2週間、整備期間や名義変更期間などの「なんたらかんたら」を経て、絶好のボート日和となった秋空の週末、初代「遊海」が夢の島マリーナにやってきた。

お店ではフジツボなどが付かないように塗られる船底の塗装もされていなかったボートが、きっちり納艇のための化粧を施され、ピカピカのブラックカラーで、夢の島の海面から立ち上がっていた。

僕は一目見て、その場で立ちすくんだのを覚えている。

……その姿は、本当に美しかったのだ。

７年の経験を積んだ今でも思うが、やっぱりボートは水に浮かんでいる姿が一番美しい。しばしの間見惚れていた僕は、船業者によるやれスイッチだ、やれ電気だという難しい説明はうわの空、その時はただ、そのかっちょいい姿を見る事だけに心のプライオリティーをさかれ、佇んでいたのだった。

さて、心を現実に戻して……と。

新しく、美しいボートと共に、ほぼ毎週末出席のマリーナ生活がいよいよこの日から始まったのである。

第2章

何をするんですか、師匠！

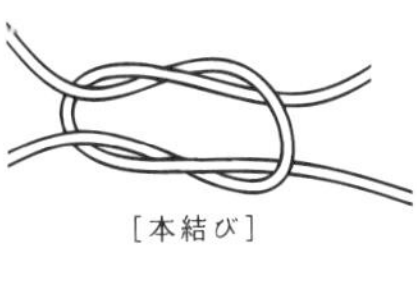

［本結び］

トン吉
チン平
カン太

◎出したくても、出せないんです！

ボートに興味を持ち「買おうか」などと考える人間は、おおかたの場合、車を代表とするいわゆる乗り物が大好きだ。ご多分に漏れず僕も18歳から何台も車を乗り回し、つい最近までカーレーサーよろしくキュキュっとタイヤを鳴らしながら、法定速度＋αの中年暴走を楽しんでいた一人だった。

そういう輩は「マシン」を「ドライブ」する事にかけちゃ、多少なりとも自信があるもので、はっきり言ってボート操船に対してビビルものなど何もなし。完全にナメきっていた。

しかしボート未経験の皆さん、よ〜く覚えておいてください。ボートって慣れるまで、着岸や微速でのコントロールがめちゃめちゃ難しいんです。信じられないでしょうが、右にハンドル切っても必ずしも右に行きません。ギアを後進にしても、真っ直ぐ下がりません。ヘタすると横向きます。風で思いっきり流されます。潮でも流されます。おまけにブレーキありません。そして周りは高額な他のボートできちきちです、ぶつけられません。頭では分かっていても、実践では周囲の目もあり、大プレッシャーなんです。

ちなみに僕の場合だが、初操船、初離岸からわずか10秒で！　大いなる自信は木っ端微塵に崩れ去ってしまったのである。

初めての離岸。船首から桟橋につけていたボートを出そうとギアをバックにコツン。得意満面の笑顔もつかの間、２ｍも進まないのに、なぜかお船ちゃんは真っ直ぐではなく、ググ～っと思いもよらぬ方角に曲がって行くではないか。

「え？　え？　わお～っと……」

目前に迫るコンクリートの固定桟橋、横にはお隣のボート。

あ～、あ～、

「ゴッツ～ン！」

いきなり桟橋の突端に、ボートの最後部にある海へエントリーするためのスイミングステップをぶつける。心とボートに痛恨の跡が残る。

「あちゃちゃ～、何が起きてんだよ！」

とにかくパニックになって、どのレバーをどう動かしたのかも覚えていない。

当時はまさに「なぜだよ～？」って感じだったのだが、今思うに、
①中立を保っていないステアリング
②整然と並ぶマリーナのギチギチな間隔

③煽る事をしらないスロットル
④吹きつける風
⑤１機掛け※ボートが持つ動きのクセ
……etc。

今の免許制度では何一つ実技としては教えない＝知らない＝身についていないで乗った28ftの１機掛けが思い通りに動くわけがなかったという事だ。

では、ここで再認識しよう。

ボート免許を持っているからといって離岸着岸ができるわけではない。そもそも免許取得時の講習では「桟橋から離れて止めろ」という課題である（「くっつけろ」では大抵の受験者が激突し、ボートが壊されてしまうからだ）。しかし実践では桟橋にピッタリくっつけなければ、当たり前だがボートから降りる事ができない。

よってボートの場合、免許とは、「動かしてもいいから、動かしながら早く操船を覚えなさいね」という程度の資格なのだ。

もう一度念を押すと、ボートにブレーキはない。だからこそ意のままに動かす練習が必要なのである。

ちょっと脅かしちゃおうかな。

※１機掛け［エンジンが１つのボート。エンジン２つは２機掛けという。］

「初めて桟橋から離れる時は、充分心してかからないと、二度と同じ場所に戻れないかもしれませんよ～」……むふふのふ！

◎３匹の侍、現る

そしてそのヘッポコ極まる光景の一部始終を、桟橋の上で腕を組みながら見つめる（ジャジャジャン！）３匹の日焼けした侍がいた！（ちょっと大げさ）

……あ・や・し・い。見るからに怪しいオジサン達である。

そう、初めてのマイボートを係留したこの桟橋には、各々がボートオーナーであるアヤシイ３人組の常連がいたのである。しかし魔法使いサリーちゃんに出てくる三つ子の兄弟、トン吉チン平カン太じゃないが、なんで曲者《くせもの》って３人組が多いんだろう……ま、いいか。

何しろ常連っていうぐらいだから週末や祝日は当たり前に姿を見かける、マリーナ皆勤賞の面々である。そしてこの３人の中年「トン吉、チン平、カン太」のザ・お師匠ズこそが、後々の僕のボートライフに大きな影響を与えていくキーマンとなった。

では、その３人の特徴を紹介したいと思う。

しかし、これまた見事に役割分担されているんだな～。

◆師匠1号　イジリーの達人（トン吉師匠）

トントンとハンマー振るう、イジリーの達人トン吉師匠。

まず、持っている工具がすごい。すべてリョービやマキタ（二つとも電動工具メーカー）のプロユース。グラインダーから電動ノコ、電動ドリルなどは当たり前でなぜか素人は一生手にしないであろう「電気溶接機」なる武器まで持っている。いでたちは白髪混じりのパンチパーマ風、鋭い眼光、一直線に結んだ口元にはいつもタバコ、真冬でもTシャツに雪駄《せった》がトレードマーク。彼が所有するボート（カリビアン28）の船内は当然もはや原型を留めぬほど手が入り、かといって整形した女とは異なって、なぜだかかなり雑然とした印象を受ける。

その仕事ぶりはというと、船内の操船席の移動（これだけでもビックリであるが）に始まって、デッキの手すり増設、冷蔵庫の移設、テーブルの改造、船首側にあるV字型の部屋となるVバース内収納の改良、昇圧トランスやコンセントの設置、おまけに船底塗装から曲がったプロペラシャフトやそれを船体に固定するためのブラケット交換まで、ほとんど自分でやる。こうなると船業者泣かせどころか「業者いらず」である。

愛艇のエンジンもマークルーザーからVOLVO42に載せ替え、さすがに何百キロもあるエンジンを吊り上げるのは業者の手を借りたらしいが、換装後に必要なデッキ部分の形状変更は自分でＦＲＰ※を成型し、仕上げたらしい。最近ではもはやイジるところがないので、「じゃあボート買い替えるか……」と寝言を言っているビックリオジサマである（実際この本が発売される直前の今では、次艇であるオープン艇※のボストンホエーラー・コンクエストに自作のキャビンを造り付け、ニコニコしている。やはりあれは寝言ではなく、ちゃんとした意識の下でしゃべっていたのだ。恐るべし！）。

◆師匠２号　料理の達人（チン平師匠）

電子レンジをいつもチンと鳴らす、料理の達人チン平師匠。

たいていのボートには簡単なキッチンが付いており、40ftクラスぐらいになるとこれはヘタなワンルームよりよっぽど立派である。ところが身長１６０cm、白髪混じりの長髪を後ろに結び、白髭をたくわえ仙人のような風貌がトレードマークの彼のボートはＹＡＭＡＨＡ　ＰＣ－26、つまり26ft。これは決して大きくないシンクとキッチンスペースだ。

夢の島マリーナでは係留する各艇は「陸電」と呼ばれる電源システムで船内に家庭用１００Ｖを引き込み、家電製品を使う事ができる。ヒーターやエアコンに始まり、テレビやビデオ、そして冷蔵庫や電子レンジもある。ボートの中で食事を作る時はあまり裸火を使わず、このような電気製品で簡単な料理をする事が多いのだが、なんと驚くべき事にこの師匠は小さなキッ

※ＦＲＰ［fiberglass reinforced plastics（繊維強化プラスチック）の略。プレジャーボート船体はほとんどがこの材質である。］

※オープン艇［キャビンのないボートの事。］

チンを巧みに使いこなし、ご飯を炊くのはもちろんの事、天ぷらを揚げ、「くさや」までをも焼き、味噌汁も作る。それも毎回毎食の事である。

釣りから帰れば桟橋に獲物を並べて、夕方にはもう刺身や焼き物が並んでいる。誰が呼んだか食堂船。その証拠に海上係留をしているボートなのにネズミが出るのにはビックリである。

◆師匠3号　ボート宴会の達人（カン太師匠）

船内に、ごろごろころがるカンビール。宴会の達人カン太師匠。

50歳になるいつも笑顔のこのオジサンは徹底的に面倒見がよく、優しい。当時流行ったコギャル顔負けの顔《ガン》グロ状態がトレードマークの彼のボートは、キャビンの広いYAMAHA SC-32。面倒見もよく、優しい性格だからとにかくゲストが多い。そしてそのゲストをちゃんともてなすために、彼は毎日のようにボートを出すのである。

夢の島から日帰りで行けるエリアはどこへでも出かける。芝川、江戸川、浦安、羽田沖、木《き》更津《さらづ》、横浜ベイサイドマリーナ、八景島シーパラダイス、横浜レストランタイクーン、横浜港、第1海堡※（〝かいほう〟と読む。ほとんどの人が「かいほ」と読み間違えているが）、浦賀のシティマリーナヴェラシス、富浦港、三崎港、そして遠く大島、新島まで。ボートには酒蔵顔負けのありとあらゆるお酒が常備され（本人申告ではその貯蔵量なんと200リットル！）、着

※海堡［人工的に島を造るなどして、洋上に設置された要塞。］

岸すると即宴会がスタート。帰港するとこれまた宴会。……ゆえに限定された沿海が航行区域に定められた「限定沿海」仕様のこのSC－32は、シャレで「宴会仕様」と呼ばれていた。

あ、当時は酒気帯び操船でもお咎めなかったですからね。今ではきちんと遵法の精神だそうです、本人の名誉のため。


何しろ年がら年中、この3人が同じ桟橋にいるのである。もともと僕が体育会気質だったせいもあるが、ボートの事を何も知らない僕と、ヒョイヒョイとボートを乗りこなすこの3人とでは力の差は歴然であるので、あっという間に上下関係の構図ができあがった。

誤解がないように記しておくが、陸で社長だろうが著名人だろうが、ここでは皆平等。みんなが同じ「キャプテン」というのが海の世界（のハズ）なのだ。しかし何も知らずに免許取得→ボート購入→金髪お姉ちゃん（?）をイメージしていた「ゆるゆるキャプテン」の僕は、あっという間に彼らのおもちゃとなり、ひょっとしなくとも、すっごく×2間違った方向に促成栽培されていく事になったのである。

けど……キライじゃないんだなぁ、この3人のスタイル。気取らなくってさぁ。

……って事は僕も4兄弟の末弟として、この先、名を連ねるのだろうか？　おお（身震い）。

とにかく、「正しいボート乗りってもんはこういうモンじゃ！」と癖のある3人にインプリンティングされた僕のマリーナライフは、こんな感じで思いっきり傾いてスタートした。

「なに？　週末にゴルフだぁ？　ほ〜ぉ、坊ちゃんはさすがだね！」

と嫌味を言われるので、金曜日に仕事が終わってから日曜日の夕方まで、いそしんでいたゴルフとはきっぱり縁を切って、マリーナで生活するようになった。こうなるともうボート道である。間違いなく修行なのだ。

けどさぁ……、金曜日の夜ぐらいはゆっくりしたいなぁ……。

よし！　今夜は、そ〜っと自分のボートに行って、DVDでも見よう。

……抜き足差し足忍び足。……ガタン、しまった、見つかった〜（汗）。

あちゃ〜、今、名前呼ばれたぞ！

こうなると、もう忍者の里のようである。まったく、ここは伊賀の国かっちゅ〜の。

しかしそれでもメゲずに通った理由は、ハンマートン吉・電子レンジチン平・缶ビールカン太の曲者3人は、ボートに関して抜群のスキルを持っていたからだ。

今思うに、僕は彼らについていくだけで、「あなたもたった1年で見違えるようなキャプテンに！　短期間養成コース」に入会しているようなものだったのかもしれない。

だって週に2回、土、日と休む事なく海に出れば年間出航回数は軽く100回を超える。飛行機パイロットの滞空時間じゃないが、時間でスキルを計るなら一人でこの航海時間をこなすのには絶対3年以上はかかる。単純に3倍のスピード。癖があるにせよ経験豊富な教官つきだ。

こうして僕は自分のボートは安らぎ（避難？）の場（本当に就寝するだけの宿泊場所）と割りきって、ほとんどのマリーナ時間を代わる代わる、3人のオジサマキャプテンのクルーとして過ごす事になった。


自分のボートがあるにもかかわらず、彼らのボートに乗り続ける「もう一つの理由」は、お師匠様達は僕のボートの性能に×印を出し、こきおろし、乗ろうとしなかったからである。

「いや、こうやって桟橋に舫って、浮かべているだけなら、ホントにいい船だね～」

「なんだ、このボートで海を走るのか。勇気あるね～。これって湖専用のボートじゃなかったのかい？」

「あれ、エンジン1個しかないねぇ（ザ・お師匠ズのボートを始め、この手のサイズのボートは、エンジン2個が普通である）、もう1個どこに忘れてきたの？」

などなど、トンもチンもカンも揃って、よくまぁそんなにカッチンとくる単語を知ってるなぁ……と感心するほどのお言葉を発し、決して僕のボートに乗ろうとはしない3人。

しかしお陰で同じように見えるボートでもハル（ボートの外板）や船底の形状・重さ・強度、

バランス、駆動方式、搭載エンジンの違いなどなどにより、航行性能に大きく違いがある事を知り、また実際に諸元※が異なるボートに乗る事によってそれを体感していった。初代・遊海をろくに走らせもせず1年ちょっとで買い替える羽目になった牽引車は、間違いなく彼らの口の悪さだったのである。

だけど……結局トータルでは大きなプラスだったかな？

いやいや、すっかり話が脱線しちゃいましたね。大変お待たせしました。

では、ここから3人のザ・お師匠ズと一緒に、海の冒険を始めましょう！

※諸元［エンジン性能や船体サイズなどの数値。一覧にしたものを諸元表という。］

▲ 東京湾を爆走する遊海Ｖ

第3章

魔法のボート、初航海は横浜だ！

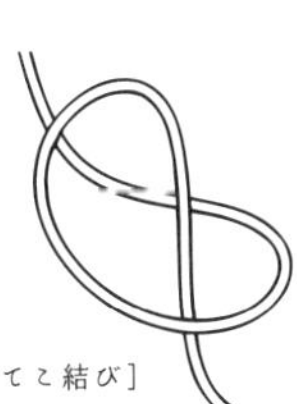

［てこ結び］

夢の島
マリーナ
浦安
東京灯標
千葉灯標
羽田
風の塔
横浜
木更津港
横浜
ベイサイド
マリーナ

風の塔

さて、舳先をどこへ向けましょう

さて、次の質問はあなたにとって、愚問、それとも難問のどちらだろうか。

「あなたはボートを買いました。東京湾の湾奥にあるマリーナにそのボートは浮いています。全てのコンディションは快調、燃料は満タン。今日は休日で時間もタップリ、天気もいいし、海もいいです。……さぁ、どこに行きますか？」

東京湾で個人のボートを着岸し、上陸できる場所は、実は意外と限られている。だから、もしあなたの中で東京湾に関する知識がゼロならば、この質問は相当に難問である。わずか７年という僕のボートライフの中でも、ボート遊びを始めたのはいいが、あっという間にマリーナ通いをやめて、あわれボートは放置プレイというオーナーをたくさん見てきた。その理由の多くを推測するに、「彼らにはボート遊びのフィールドや知識を広げてくれる仲間がいなかった」のではないかと思うのだ。

冒頭の質問に対して、どれだけたくさんの答えを持っているかが、実はボートにハマるかハマらないかの大きな分かれ道なのだと思っている。

「ボートでどこに行くか、そこで何をするか？」

この問いの中にボートの魅力の多くが潜んでいる。

特に初心者の時の経験を呼び起こしてみると、冗談抜きで、一人でボートに乗り、マリーナから外に出て行くのが怖かった。なぜなら機械に対する信頼感も知識もまったくなく、イザという時のトラブルシューティングができない。間違いなくイジリーじゃなくチビリー状態である。

しかし……当時の僕にはこの壁をいとも簡単に越えてしまう方法があった。

そう、僕は3人の曲者達の頭をムンズと踏みつける事で、この壁をクリアしたのである。正確に言えば彼らのボートに乗り、ベテランキャプテンの視点で疑似体験を重ねられた事にある。こうやって曲がりなりにもボートの事を文章に書いたのも、この飛び道具（失礼！）であるオジサマ達のお陰である。僕はザ・お師匠ズのボートに年中乗り込み、ホームポートの夢の島マリーナを拠点に、徐々にではなく一気にそのエリアを広げていったのだ。

難しい話は桟橋において、そろそろ舫いを解いて海へ出る時間です！

東京夢の島マリーナから横浜ベイサイドマリーナまでの20マイル。

僕にとって初めての「ボートで行く、海の旅」である。

異種格闘技、敵はGPS、あっさり敗北

夢の島マリーナを出るとすぐ、東京湾までの間に新砂水門《しんすな》がある。

荒天時や異常潮位時には閉じられ、マリーナや河川を守る水門。

出港直後に行う係留ロープの撤収と、桟橋とのクッション材であるフェンダー（ほとんどは柔らかいプラスチック製で中に空気が入っている）の収納を終えているうちに、出船優先のルールに則り、行き合いのボートを待たせて僕らは新砂水門をくぐり、右に90度転舵。そこにはキラキラと輝く東京湾があった。

「ゆかいちゃん、GPSの行き先をベイサイドマリーナにしてね」

「はい、かしこまりました（笑点・山田隆夫風）」

優しい言い回しながらザ・お師匠ズの声は、決して「NO」とは言えない強制力で降ってくる。かつて何度か腑に落ちない命令に対し若干の抵抗を試みた事もあるが、まるでおまわりさんに駐禁違反の言い訳をしているみたいで、たいていが「はいはい」といなされてきたから、今では無抵抗状態、スルーパスが常だ。

このGPSだが、ほとんどのボートには車のカーナビのような『GPS』が付いている。G

PSって「人工衛星を利用した位置決定システム」というやつです。

道路や建物のような目印がない海上で、5mぐらいの精度で現在位置を教えてくれるこの機器への依存度は大きい。GPSに表示される自船位置により、たとえ目視圏内（例えば東京湾内のみ）で遊ぶキャプテンでも、大型船が行き交う航路に侵入してしまうようなうっかりミスも防げるし、また行き先をカーソル（位置を示す印）でマークすると「目標方位〇〇〇、ここから針路〇〇〇」と度数を数字で示してくれるので、きちんと活用できれば大変便利だ。特にこの針路を確認しておく事は重要で、万が一、GPSが故障しても、調べた方角にコンパス（方位磁石）頼りに走ると、まぁなんとかかんとか、近くにはたどり着く。また東京湾内でも頻繁に発生する、数m先すら見えない濃霧の時も位置をロストしないので大変有効な計器だ。

教えてもらいながら触る、初めての航海機器・GPS。

「ふん、どうせカーナビみたいなもんでしょ」

とナメていたのだが、操作方法がよく分からなかった。

そもそも揺れるボート上で、専門用語だらけの説明書を読むのはしんどい。キャプテンの皆様、この類《たぐい》の取り扱いは出港前に完璧に覚えておかなきゃイケません。

秋麗の中、横浜へ行こう！

一通りの作業をやっと終えて顔を上げると、初めての「ボートから見た東京湾」が日に飛び込んできた。午前10時の陽射しはちょうど頃合よくキラッキラッと海面を輝かせ、初秋の風は舳先《へさき》からバウデッキを気持ちよく通り抜け、２階席となるフライブリッジ・操船席へ一気に駆け上がってきた。

「うわぁぁぁ、この太陽と潮風は、気ん持ちいいなぁ〜、ウヒョ〜」

天候晴れ、風力１。ベタ凪《なぎ》の海が僕を出迎えてくれた。

右舷※前方１時の方角には、東京湾の中にデンと佇む灯台「東京灯標」。

僕はスターンデッキに降りて、ボートが走り抜けた直後の海面に見入る。

２機のエンジン、２枚のプロペラによって掻き分けられた航跡が、まるでモーゼの十戒の一シーンのように海を割り、末広く消えていく。

どこまでも長く長く、海の中へ道ができる。

これぞ、僕が見惚れてしまうほど大好きな、ボートがつくる海の道である。

そして畳みかけるかのごとく、僕の背中めがけてボート上に溢れ返っている潮の香りが、乾

※右舷［ボートの右側。］

いたエンジン音をくるみながら、乗っかってくる。

「ふんにゃ〜ぁ」

……そしてかなり長い時間、微笑み続けながら海の道を目で追いかける。

「ボートに乗る楽しさって、この瞬間に集約されているんだよ！」と人は言う。

本来、人間は水の上に緊張感なしでいる事ができない生き物だ。ましてや25ノット（約46km／h）ものスピードで移動なんて、生身では絶対できない。しかしボートという、まさしく「魔法の船」に乗るとこれが可能なのである。そしてボートオーナーとはその魔法の船を自由自在に動かす事ができる「魔法使い」なのだ！

……僕らが、魔法使いですって⁉

なるほど。それならば、こんなに素敵な時間をつくりだせても不思議じゃないですなぁ〜。

それにしても東京湾に出てみると、漂っている船の多さに驚く。ところ狭しと（こんなに広いと思っていた東京湾なのに）超大型の自動車運搬船やコンテナ船が行き交ったり、湾のど真ん中にアンカー（錨）を下ろして停泊している。初めのころは全ての船がこちらに向かって動いて来ているようで、

「うわ、衝突するんじゃないの？」

と、傍を通るたびにドキドキ、ドキドキ、鼓動が高まった。

「おい、ゆかい。動いている船は舳先が波を掻き分けるので、そこに白波が立つ。それを見て走っているかどうか判断するんだぞ」

と雪駄のトン吉師匠が教えてくれる。

「夜は船が動いていれば、右側の緑の灯りと左側の赤い灯りが光っているからな。大きな船のブリッジは見づらいけど、よ〜く見るとポツンと緑と赤が、ほんとにポツンとだけ見えるんだ。今度、夜走りした時によく見ておけよ！」

と白髭チン平師匠。なるほど、それにしても遠くがよく見えますよネェ。

ザ・お師匠ズは性格や口など悪いとこだらけだが、目だけはいいようだ、間違いなく。

（やべ、逃げろ！）

ジャンボなやつが、空にも海にも

このような感じでボートや海の小ネタが満載の会話が弾みながら、僕らのボートは軽快に東京湾を進み、羽田沖に差しかかった。

その時！……ボートの音とはあきらかに違う、聞いたこともないような轟音が近づいて来た。

そして何と！……木更津方面の空と海から、大きな大きな黒い塊の一団が、すごいスピードでこちらに迫って来るではないか。

そしてほどなく、轟音と黒い塊の圧倒的2点セットは、実に堂々とした存在感のままあっという間にボートの上を駆け抜けて行った。……こいつらの正体とは、羽田を目指す飛行機と、その影だ。

「同じ飛行機でも、ジャンボは（エンジンが）4発だから音が違うんだよね」

と顔グロをくしゃくしゃにしてカン太師匠が笑いながら言葉を続ける。

「この上を通るのは、冬だけだよ」

この光景は、北風が吹く寒い季節にしか見られないと言うのだ。

風によってアプローチの方向が変わる飛行機の離着陸ルートは、ここ羽田では南寄りの風の時は、高い高度を保ちながら東京湾東航路あたりから陸地へのラインとなる。これでは飛行機の威圧感が、羽田沖を走っているボートに届かない。横浜に向かっている時のオマケとして「航空ショー」が見られるのは、北風が吹く寒い季節にボートを出しているオバカさんだけがもらえるご褒美のようなものだと、この日教えてもらった。逆に夏場に飛行機をじっくり見たければ、羽田空港の北側、城南島海浜公園あたりまでボートを回せばＯＫという事だ。

そんなビックリとウットリの機関銃攻撃の中、ボートは一路、今日の目的地・横浜を目指して進む。羽田沖を過ぎると右手には京浜運河の入港路、左手にはまたしてもジャンボなやつ、「となりのトトロ」が見えてきた。ん、トトロだと？　いるわけないでしょ〜、海の中に。

……これがいるのである。トトロとは東京湾アクアラインの通風孔の「風の塔」の事だ。ヨットの帆をイメージして造られたらしいその大きな建造物は、湾内でもひときわ目立つランド（シー？）マーク。見る角度によっては確かに帆だが、結構ボテっとしているので「となりのトトロ」のお腹のようにも見える。何よりもオヤジギャグ系でもあるザ・お師匠ズはトトロと信じて疑わないので、忠実な下僕である僕は「トトロ」と覚えてしまった。

そのトトロのお腹を見ながら脇を通過するころ、海が「ウサギが跳ぶ状態」（白波が立ち加減となりウサギが跳んでいるように見える海の状態）となり、少し荒れてきた。

「ボートという乗り物にとっては、浅いって事がダメだ。浅いほうが波は高いし、ヘタすると座礁の危険もある。気持ちよく走らせたいのなら、岸から離れて深いところを走らせな」

「チビリー（当然ここでは僕の事を指している）は陸が恋しいから、すぐ岸に寄りたがるからな、ハハハハ」

口は悪いがハートは熱い、教え魔チン平師匠の玉言である。

なるほど、それで一直線の最短距離を走っていないのか。またまたお勉強だ。

確かに羽田沖周辺には多摩川の河口があり、安全のためここより東側を通りなさいと教えてくれる「東方位浮標※」もある。多くの漁船達がいるものの総じて海が浅いのだ。それこそ件《くだん》の飛行機見たさに空港側ににじり寄って行くと、うっかり座礁の危険性もあるという事だ。

免許取り立ての新米船長は「深いトコ、深いトコ」としっかり頭にメモした。

港・横浜、いよいよ着岸

そのうち横浜の風景に欠かせない、つばさ橋やベイブリッジが見え始めた。

ここは海流の関係からか、はたまた行き交う船が立てる曳き波か、有名な三角波《さんかくなみ》が立つ海域だ。右から左からやって来る、不規則正しい（?）チョッピーな波、「三角波」がボートの行く手を阻む。そして忘れたころにやって来るひときわ大きな波。そこで生まれて初めて食らった、波頭から下へ1・5mの急降下、「パンチング」の味は結構強烈だった。

「そろそろ桟橋の確認。電話入れてくれるか?」

GPSに続き、この日僕に与えられた第2のミッションである。

※浮標［航路や障害物を示すために海に浮かべられ、錨で繋ぎ止められた標識。］

すぐさま携帯電話を使って、横浜ベイサイドマリーナにゲスト用桟橋を使用したい旨の電話を入れる。僕はボートの緊急連絡方法としては、一艇でも多く、かつ現場近くのボートも聞ける可能性がある「無線」を使いこなす事が一番有効な手段だと思うのだが、なぜだか海上保安庁では無線ではなく、１対１の対話方式で他人が傍受できない「携帯電話を使った１１８番コール」を薦めている。しかし現実問題、あの狭い東京湾内でも中ノ瀬航路の西側や若洲《わかす》沖など、比較的カバレッジの広いドコモですら通話不能なエリアがかなりあるのだ。もしそこでボートに緊急事態が発生したら、僕らはどうしたらいいのだろうか？

しかし、現行の小型船舶用無線システムである「マリンＶＨＦ」が多くの問題を抱えているのは事実だ。

まずその使用機材だが、官の認可品でなければ開局許可は困難を極め（厳密に言えば不可能と思われるほど開局が難儀）、しかもこの認可品、需要が少ないのか、この時点で販売が確認できたのはわずか1社の１機種のみで、ユーザーは機械を選ぶ事ができない。

僕の持論としては、少なくとも岸から5海里※以上離れる事が許されているボート免許（つまり１級）所持者は、免許取得と同時にこのボート用無線の資格も与えないと通信手段がなくなってしまうと思う（携帯の電波が届きづらいですものね）。ところが現実は何もリンクしてい

※海里［1海里＝1852m。「緯度の１分が１海里」なので、緯度１度は60海里となる。］

ない。

今後はユーザー第一の目線で、ボート免許と通信手段の無線免許を同時取得できるように、また簡単に多くの機械で開局できるようになればいいと、切に思っているのである。


話は少々脱線してしまったが、お師匠様！　ミッションは無事完了致しました！

夢の島マリーナを出て1時間10分で、僕らは横浜ベイサイドマリーナの入り口堤防に到着した。早速クルーの僕は、着岸の準備であります！　しかし……いきなり焦ってしまった。

陸とは違い、当たり前だがボートは海上を動いている。その不安定な場所で身を保つ作業が加わっただけで、着岸に必要なフェンダーを用意するが、紐がうまく結べない。手すりに固定するための巻き結びができず、頭がまっ白になってしまうのだ。ぶきっちょ丸出しにしながらも、けど「まったく、呆れたね」と師匠に言われたくないので態度には出さず、何度も考え、思い出し、やっとできた！　準備完了……と思ったらまたトン吉師匠に怒鳴られた。

「ボートは栈橋につけるんでしょ。そんなに高い位置にフェンダーを付けても、栈橋とボートの間に入らないから意味ないでしょ！」

言われてみればそりゃそうだ。人間はいかに経験則でトラブルを回避しているかがよく分かる。海の上で起きる事は全てが初体験だから、言われてから初めて気がつくことが多い。

フェンダーの出し直しを命じられた僕は、メゲる中でも陸地からボートに飛んでくる熱視線を意識しつつ、精いっぱい海の男を気取って再作業。

ロープを持ち直し、背筋を伸ばして前方のデッキに立った。

「どーだ、皆の衆。見た目には完璧だろ～」

僕がちょっと胸を張ったその瞬間に、

「ゆかいちゃん、ロープの出し方が違うよ！」

と、トーンは優しいが内容は厳しい指摘が飛んできた。

「……え？……出し方？……　ロープの？」

オロオロ。その一声でまた挙動不審な犯人の心理状態に逆戻りだ。

まさか、ロープの出し方に礼儀作法なんかがありましたっけ？……じゃなきゃ何よ⁉

この種明かしをすると……バウレール※の下側から一旦ロープの端を出し、そこでロープを持ち直さないと、このままではレールの上を通ったロープが桟橋に渡る事になる。桟橋は下側。強い力が下向きにかかればこのバウレールがあわれ曲がってしまう事になる。これも考えれば当たり前だが、経験のない世界だった。

……小型船舶の免許講習って、教え足りない事が多すぎるゾ。

※バウレール［前方デッキ上にある手すり。］

僕があらゆる初体験に感心している中、風や潮を計算しながらなのだろう、ボートがゆっくりとゆっくりと桟橋に近づいて行く。着岸に苦労している初心者キャプテンの僕は、ハラハラドキドキしながらそれを見ている。

3m、……2m、……1m。

そしてホントにタッチ寸前でキレイに横を向いて、ボートはピタリ、静止した。

「ほぇ〜。着岸うまいなぁ」

ロープを持って桟橋に飛び降りながら、いつかは俺だって、と考えていた。

ベテランキャプテンほど優しいタッチでボートをコントロールできる。

僕はこの日から、ベテランキャプテンの「操船テクニックの盗み見」を始めた。

横浜は、やっぱりラーメンじゃ！

無事に到着した僕と3人のザ・お師匠ズは、横浜ベイサイドマリーナに上陸し食事をとる事になった。キャプテンカン太は船の舫いを確認すると、フェンダーの高さの微調整を行い、そして航海機器とメインスイッチをオフにした。全てがお勉強の僕に、チン平師匠が話しかける。

「例えば釣りに行くだろ。そんな時でも海の上での基本としてエンジンは掛けたままだ。出航したら岸に着くまでエンジンを切らないのが基本。というのもGPSなんかでバッテリー食っちまって、エンジン掛かんなくなっちゃうケースが多いんだ。ディーゼルにはバッテリー電圧が重要だからな。ただ安心しろ、一旦掛かるとガソリンと違って止まりにくい。だから止める時はキルスイッチで燃料を強制的にカットするんだな。そして陸に着き、エンジンを切った時には、バッテリーを守るためにこうやってメインスイッチも切るんだ」

……はぁ、と生返事の僕。師匠、まさか外国語とか使って話してないですよね？　ほとんど言っている意味が分からなかったデス。とにかく、「舫ってからエンジン止めて、メインスイッチオフ」ですね、とまた頭の中でメモをした。

同じ表情を見せないひと波、ひと波を丁寧に乗り越え、それを重ねてたどり着くからこそ、ボートの世界では車や電車の旅では決して得られない、独特な充実感が生まれる。

僕は初航海のわずか片道でボートの魅力の多くを知った。

ところでこの横浜ベイサイドマリーナはとてもボート乗りにとって心踊る場所だ。

多くのボートやヨットが並び、その数は日本一と聞いている。雰囲気も夢の島マリーナが同好会的ならば、ここは体育会的な規律とでもいうのだろうか。メンバーさんも規則の不自由さよりは整然とした規律を好んでいる人が多いようだ。

ここには隣接してアウトレットショッピングモールやレストラン、マリンショップもあり、ボート遊びの全てが楽しめると言ってもいいところだろう。

お腹をすかせた僕らは、その中にある1軒の中華レストランに向かった。ボートを係留したゲスト桟橋から店に入るまで、２００ｍは歩くだろうか？

実はこのボードウォークのストロークが、潮風をゆっくり味わえて、とても気持ちがいい。犬を散歩させる人、子供連れの家族、若いカップル、そしてリタイアしたであろうミドルエイジ。いろいろな人がこの海のそばを歩き、癒しを得ているようだ。

ふふ、今度はウチの愛犬「日の丸」をボートに乗せて一緒に来ようっと！

アイツ、きっと短い脚をフル回転させて、大はしゃぎするだろうナァ。わんわん！


店に入るとここでの人気メニューは「ふかひれラーメン」なのだと、元気な女性店員がキラキラ輝く目で僕らに伝えた。よ～し、その提案に乗ろうじゃないの。

ほどなく届いたお薦めの器には、トロッとしたあんかけ状のふかひれスープの底に、固めで細めの麺が潜んでいる。最初にスープを口にすると、それは見かけ通りの濃厚な海の味でノドの奥へと広がった。はふはふ。

いやいやこれは旨い！　きっと「ウメェ〜〜！」と書いたほうが伝わるかな？　秋風で少し冷えたボート乗りの体を内側からゆっくり温めてくれるうまいメシとして、僕のお気に入りページにこの「ふかひれラーメン」が加わった。

こうしてお腹も、そして満足感で気持ちもいっぱいになった1時間ちょっとのステイ後、僕ら４人はまた洋上へとかえったのである。

横浜を出たら風向きが変わっているように感じた。いや正確には僕らのボートが進む方向が変わったので、体に受ける風の量が変わったのである。

向かい波、向かい風。

揺れ動く32 ftのボート上では、体をホールドする手に力がこもる。

僕は海の光景を見るのが楽しくて仕方なく、また生来のお日様好きでもあるから、もちろんフライブリッジに駆け上って、操船中のカン太師匠の隣に陣取った。

チン平師匠はレストランで頂いた紹興酒が体を支配しており、船内の最も後ろ寄り、比較的揺れないシートに陣取り、グウスカとお休みになっている。トン吉師匠は後部のデッキに置かれたクーラーボックスに座り、いつも通りにタバコを咥えていた。その光景が格好よかった。やや白髪混じりでラフないでたちに雪駄と咥えタバコ。オトナなのにどこかコドモっぽい、そんな素敵な「コトナ」の世界までボートは僕を連れて行ってくれるのだろうか……。自分の将来の理想像を思い浮かべながら、僕は視線を前方に戻して、頼まれているわけではないウォッチを精いっぱい務めた。

快感の海に溺れて漂う小1時間は実にあっという間に過ぎ去り、もう夢の島マリーナへのアプローチがやってきた。なんだ、もう着いちゃったのか。ヨ〜シ、今度こそフェンダーもロープも失敗しないぞ。

「どうだ、完璧ダロ〜〜」

と思ってトン吉師匠を盗み見たが、まったくこちらに目線をくれなかった。

ありゃりゃ、こんな事できて当たり前なんだな。ガクッ。

けど、僕が教えられるキャプテンになったら、よくできたビギナーに対してはちゃんと誉めてあげようと思った。だってビギナーにとって、結構な大仕事なんだよね、着岸準備って。

無事に桟橋に着岸したら、あらかじめ作られた舫いを取り、エンジンOFF。

片道約1時間の横浜クルーズ、

「ちょっとご飯を食べに横浜まで、ボートで」

って、いや〜キザキザ。格好よすぎるセリフじゃないの〜?

第4章

東京湾脱出！
三崎でイカ丼！

［引き解け結び］

まぐろかま焼き
いかさし丼

東京湾・脱出計画

数週間後の金曜日、今週もヤル気まんまんの僕に、カン太師匠から電話が入った。

今でこそすっかり慣れてしまったが、40歳に手が届く大人になってから、遊びのお誘い電話が入るというのはなかなか痛快な事である。

「ゆかいちゃん、今週どこ行く？　三崎行こうか」

お～三崎、いいですね～。行った事ないけど。

テレビで見た記憶なのだろうか、どこかの漁港で掲げられていたマグロのディスプレイが頭の中にズームインしてきた。きっとそんな風に魚っ気タップリの場所なんだろうな、三崎って。

僕はもちろん、

「行きます！」

と即、返事。

そういえば普通は週末の「都合」を聞くのが当たり前だと思うが、僕らの場合、週末はマリーナに向かうのが当たり前の事だと思われているので、

「週末は予定空いているの？」

とは聞かれなかったな。ま、いいかぁ。

会社でこの電話を受けた僕は早速、仕事をしているフリをしながらインターネットで三崎の独学予習に入った。

「ふんふん、そうか、水揚げは冷凍マグロなのね。そりゃそうだよな。……最近は水揚げが減っているんだ。ほう、こんな水産品センターがあるんだね〜」

しかし一番胸ときめかせたのはその場所だった。海図でいうと東京湾・三浦半島の最南端、城ヶ島に隣接した、相模湾《さがみ》も望める場所に三崎は位置していたのだ。

「……今までで一番遠い場所じゃないの！　しかも東京湾の外だしなぁ〜」

頭の中の海図に航路を引き始めると、ドキドキ感がさらに増幅した。


ボートを持っている人なら海図や参考図のいくつかはきっと持っているはずだ。

僕の場合、全ての参考図は㈶日本水路協会が販売しているCD-ROMで持っているのだが、実はこの海図、参考図、CD-ROMは、揃いも揃って結構なお値段なのである。まあ、海図を買うという事は一緒にプチ冒険への切符と安心を買っているようなものだから、値が張る商品の割には比較的購入をためらわないが、もちろんもっと安くして頂きたいものである。

その電子参考図で早速、夢の島から三崎までの距離を計ってみる。

およそ35マイル※（約65km）である。

時速20ノット（約37km／h）として1時間45分。海図で見る限り、かなり遠いなぁと感じる三崎だが、計算上はベラボウな時間ではない。頭の中で東京湾の大きさが「ずずぅ〜っ」と小さくなったと同時に、肩肘張った状態から力が抜けた。

「……明日になればいよいよ東京湾脱出かぁ〜！　また潮っ気が増えちゃうなぁ！」

会社にいる事も忘れて、僕の顔はニコニコ、気分はすでにいっぱしの船乗りとなっていた。

さあ、週末の冒険がスタート！

恒例の金曜夜の船中泊を経ての土曜朝9時、出港の時を迎えた。

いつにも増してルンルン気分の僕と、いつもとまったく変わらないザ・お師匠ズ。今日もSC－32、缶ビールカン太師匠のボートで出港だ。

早々に出港準備を終え、油断していたら、桟橋で交わされている3人の会話が飛び込んできた。その瞬間、漫画でいうならまるでバッグスバニーのように、ピヨ〜ンと僕の耳が立った。というのもあまりにも意外な単語が降ってきたからである。

3人の会話は、

※マイル［海ではシーマイルを使う。1マイル＝約1.852km。1時間に1マイル進むスピードを1ノットと言う。］

「どっちから行く？」

と聞こえた。

「……は？……どっちからですと？」

またまた松田優作ばりの「ナンじゃこりゃ〜」状態である。

「そりゃ、海から行くに決まってるでしょ！」

と一人突っ込みをする僕。

近所のイトーヨーカドーまでの買出しさえ、13ftの小船・ボストンホエーラーで河川伝いに行き、護岸壁をよじ登るオジサン達が、マリーナから三崎へ行くのに車で行くわけがない。

あ〜、あ〜、テスト、テスト。こちら、初心者ざんす。会話の中身が不明、不明なり。どうぞ。


この意味は出港間もなく飛んできたミッションですぐ分かった。

「どっち」とは横浜ルートor木更津ルートの事を指していたのである。

東京湾には中ノ瀬航路と浦賀水道航路※の二つの航路があり、ここでは航行が制限されている。航路だから当然逆行は禁止だし、浦賀水道航路の第2海堡と第3海堡の間では航路横断禁止の制限もある。そして12ノット（約22km／h）の速度制限もある。

※中ノ瀬航路と浦賀水道航路［東京湾内の海上交通安全法が適用される二つの航路。浦賀水道航路は八景島沖から久里浜沖まで約7マイル続く。］

20ノットオーバー（約37㎞／ｈ）で走る事がほとんどの小型ボートは、フットワークよく、おのずから面倒が多い航路を避けて走る。となればこの二つの航路の右側を行くか、左側を行くか。

素人同然の僕は三崎に行くなら漠然と右側・横浜寄りだと思い込んでいたが、なんでも距離的には木更津寄りにボートを走らせ、浦賀の４番ブイやや北側から３番ブイへ向けて、航路を直角に横断するルートが一番早いらしい。しかし僕のスキルアップを頭においてくれているザ・お師匠ズは、

「横浜沖の５番ブイから航路侵入する間違いが一番多いからな、遠回りだけど今日は５番ブイを見せてやろう。おい５番を（ＧＰＳに）マークしてくれるか」

と僕に指示を飛ばしたのである。

ほい、ありがたく、と思いつつ、

「合点でぃ！」

とＧＰＳに５番ブイをマークし、僕らはボートの舳先を横浜沖へと向けた。

１時間ほど走らせると、ボートは問題の横浜沖５番ブイのそばへとたどり着いた。ここでは土曜日だというのに数多くの漁船が作業をしている。どの船も艫《とも》から底曳き網を入れ、ゆっく

り動き回っている。

「オイ、ゆかい、網を引っ張っている船の後ろを通る時は要注意だ。引っ掛けないように最低でも50ｍぐらいは離れたほうがいいぞ」

「ほら、漁のビクのような形象物※が漁船の高い位置に出ているだろ」

本当だ。よく見ると、本当によ～く見ると、教科書通りの形で、網状の素材で作られたビクのような物体が漁船の高い位置に掲げられていた。そんな会話をしながらもベテランキャプテンのカン太師匠は、初心者の僕がドキドキするような至近距離で、右に左にと漁船の間をすり抜け横須賀方面へボートを進ませていくうちに、目にポッカリと浮かぶ島影が飛び込んできた。無人島・猿島である。

東京湾の中にこんな島があるなんてたいていの人は知らないだろう。

「あそこはな、いまだに防空壕なんかあって、ちょいと冒険気分なんだよ。夏になると島の裏手に回り込んで、ボートをアンカーリング（錨を下ろして停泊）させ、テンダー（上陸用の小船）で上陸するんだ。もちろん潮干狩りもできる。とはいっても、バカ貝ばかりだがな」

と、食堂船オーナーのチン平師匠はさすがに東京湾の食い物にはチトうるさい。今日も三崎への道すがら、木更津沖での釣行に色気を見せていたくらいだ。

そんな話を聞きながら、僕が真夏の太陽の下、女の子満載のボートで得意気に猿島に向かう

※形象物［自艇の状態を他艇に告げるために掲げるもの。法令で定められている。球体や、つづみ型がある。］

姿を夢に見ていると、海面にフラフラと浮かぶ「5番ブイ」が近づいてきた。なるほど、確かにあたりのボートもみんなこれを左舷にかわして走り去って行く。帰ったら早速自分のボートのGPSにもマークしなくちゃなぁ……。

キャプテンカン太も、5番ブイをギリギリにかわして、ここでほぼ直角に左転舵。

……さあ、いよいよ横浜を過ぎた。

今までの経験は横浜どまり。ここから先は、ドキドキの未体験ゾーンである。

観音埼から浦賀沖へ

5番ブイをかわしたあと観音埼※までの間は、浦賀水道航路の西側端を航路とほぼ平行、147度の針路で走る。ここは横須賀、まさに米第7艦隊の基地への入り口。おまけにこの海域は航路横断禁止区間なので、船体に3本のブルーラインが入った（ように見える）海上保安庁の巡視艇が見張りのためか、留まっている事が多い。悪い事をしていなくても警察官とすれ違うとビクビクしてしまうような小市民の僕らの船だけに、海上保安庁の巡視艇を気にしながらも、GPSを確認しつつ航路のすぐ脇を走っていたら、予期せず航路内にいた工事の警戒船が、僕らのボートに突っかけようとしてきた。

※観音埼［一般的には観音崎。〝埼〟は海図上での使用。その他、埼がつく地名は同様に海図からの引用。］

ここは第3海堡跡の浚渫《しゅんせつ》工事を行っている場所だ。その周りには黄色の危険を知らすブイが廻《めぐ》らされている。危険区域に近づくボートを追いやるために、いつも2艇ほどが警戒に当たっているのだ。

「ちょっと（工事現場に）近すぎたかな」

そう言いながらカン太キャプテンは右に針路を変え、バツが悪そうにタバコに手を伸ばした。

「船に乗るなら、断然ターボライターだよね」

お、話題を変えようとしているな。ふふ、動揺を見抜きましたぜ、ダンナ。けどいい子ちゃんの僕は突っ込まないでおこうっと。

ニヤニヤしていると逆襲とも思える一言が、突然飛んできた。

「ゆかいちゃん、代わってくれる？　ちょっとトイレ」

……へっ⁉　僕にここで3人の命をお預けになる？　おおぉ、なんと勇気あるご発言。

僕は新米4級船長、今の速度は24ノット（約44km／h）、しかも初めていじる2機掛けボート、おまけに大きな1級船。

（当時は免許所有者が同乗していれば、どこでも、誰でも操船ＯＫだったのです。今では5トン制限が緩和されたものの、免許保持者のみが操船を許されているエリアがありますね）

しかし平然と「はい、どうぞド〜ゾ」と答えておこうっと。

まかしちょけ、真っ直ぐ、安全に走るぐらいなら初めていじるボートでもできますって。

チェックのため計器に目を落としながら、僕は憧れの操船席に陣取り、舵輪とスロットルを握った。本来は計器に目を落とすよりも先に、カン太師匠がフライブリッジから無事にラダーを降りるのを確認しなければならなかったけど。

しかし舞い上がった中ではあるにせよ、全てのコントロールが掌中にある、その気持ちよさは段違いだった。僕は今、東京湾でうっとりしながら船乗り気分を味わっている。

これ、いいね〜、最高っ！

しかしものの５分も経っていない、第３海堡の横で舳先を観音埼に当て通過しようとする時に、やはり僕ひとりでの操船に不安を感じたのであろう、トン吉師匠がフライブリッジに上がってきた。

どっかと隣に腰を下ろしたその姿に、無言の圧力を感じる。まるで海外に出かけた時に英語ペラペラの日本人の横で英語を使わなければならないような気分だ。

「観音埼にぶつけていいよ。ギリギリでも平気だよ」

咥えタバコのトン吉師匠が発したぶっきらぼうな言葉から、今の状態を諌められているのではない事を汲み取り、少しホッとした。ホッとしたら、この雰囲気を味わう余裕が出てきた。

確かにこのＳＣ−32は、僕の船とは異なり針路を保つ性能が高い。少々の横波ならスッと上がってから何事もなかったように元に戻り、いささかも傾く事なく乗り越えて行く。また旋回時の安定性も抜群で（これを腰の強さと言うらしい）ヒール（傾き）が少なく感じられる。低重心による復元性のよさもハッキリわかる。いいなぁ〜、これ。

波に対して走りの強さを示す走波性は、ボートが水面と接している長さである「水線長」に比例するというが、僕の船とはその差4ft。しかしその差以上の安定感を体感して、「ボートの波に対する強さは、単に大きさだけでは決まらないのだ」と学習した。

そんな思いをめぐらせている中、ボートは観音埼を越える。

……おお、灯台がある。

確か日本初の洋式灯台でしたよね、この観音埼って。今3代目らしいですね。さすが「ザ・灯台」って感じで威風堂々とした姿です。

そんな陸地の風景にウットリよそ見をしていると、またまたお小言が飛んできた。

「あそこ、刺し網があるよ」

な？　おお、これだな。さっそく変針。ふふ、うまくいった。

「今のは蛸壺だから、そんなに避けなくても平気だよ」

ありゃりゃ、そうだったか。「何が、何か」なんて、パッと見分けられないよ、難しいなぁ。

通常、定置網には目印として大きな浮力体（オレンジ色で俵状のスチロバールが多い）がいくつも連なっている。よってその上を通るのはとても危険である。言わずもがなだが破網につながるからだ。破網すれば漁師さんに迷惑をかけるだけでなく、プロペラやシャフトに網が絡み、ボートは自走不能となる。高額な賠償が発生するのもツライが、それ以上に危険極まりない。

ボート乗りにとって海面に浮いているものとの接触は船体の破損、プロペラへのダメージなどダメな事だらけが待っている。だからこそ注意深いウォッチが必要なのだ。

観音埼を過ぎ、方位200度あたりで進行しているボートの行く手に、あきらかに浮遊物ではないものが無数に見えてきた。釣り人の乗る手漕ぎボートだ。

ここは釣りのポイントらしく、ざっと見ても20～30艇は漂っている。

それにしても彼らの姿が波間に隠れ、まったく目立たないのだ！

手漕ぎやカートップボート※の皆さん！　安全のため、棒などを使って高い位置に旗などの目印を出してください！　波間では本当に見えないんです。

「ゆかいちゃん、波被るから避けてあげな」

隣のトン吉師匠から指示が来た。

※カートップボート［自動車の屋根に乗せられるサイズのFRPボート。FRPやアルミ製が多い。］

大体こういう時のマナーなど、何も知らずに海に出た。教えてくれる人が誰もいないキャプテンはどんな判断をするのだろうか。初心者の僕としては、正しい海の常識を知りたいのだが、陸の常識が通用しない海の世界では、自己判断では答えにたどり着かないのだ。

僕はヘタにスピードを落として半滑走状態になると余計に曳き波が立つことを予測して、巡航速度を保ったまま、大きく回り込む事にした。相手は人間が乗っているだけに浮遊物の比でないくらいしっかりウォッチをしながら、大げさに回り込んでいる僕に隣からニヤリとした目線が飛んできていた。正解はケース・バイ・ケースだと思うが、この場合はこれでよかったのだろう。

アシカにご挨拶、東京湾出口へ

真剣な眼差しだけがとりえの、急造キャプテンの操船がまだまだ続く。

今度は浦賀沖の航行である。

目視する限り、ここは一直線に走り抜けたいところだが、ここより南側を走りなさいと告げる「南方位浮標」が進行方向11時の位置に浮いていたので、反射的に沖より（南）に舵を切ろうとしたら、横から遮られた。

「ここは潮次第だ。満潮は何時？」

……しまった。調べてないや。

トン吉師匠はこの小言を言うために調べてきたかのような、勝ち誇った顔で、

「今、上げているよ。だから真っ直ぐ抜けて大丈夫」

と言った。続けて、

「携帯で潮の満ち干が分かるから」

と言いながら、ｉモードのサイト画面を見せてくれた。

そこには揺れるボートの上でもしっかり読み取れる大きさで、日の出・日の入り、干満、波、風の予想などボートマンが欲する気象情報が、細かいエリア別になって書かれていた。

へぇ、さすがお師匠様、ぬかりないですなぁ。潮情報はｉモード。これまたメモですね。

……で、話を戻すと、この南方位浮標は比較的大きな船を対象にしている。この場合は深さに対する警告だ。もちろんセーフティーマージンもとってあるのだが、師匠は飛ぶようにプレーニング状態で走る小型プレジャーボートでは、船底が海に突き刺さっている部分も少なく、「潮が満ちている状態ならこの場所は充分通り抜けられる、大丈夫だ」という判断をしたようだ。事実、漁船はもっと岸側を走り抜けている。よし、今の潮加減ならここは保針だ。一直線に浦賀の正横（真横）まで走ってＯＫというわけなんだな。

「しかし海に出てからじゃないと知り得ない事だらけだなぁ……。海遊びはやっぱり経験が不可欠だわ〜」

ちょうどそのブイをかわしたところで、カン太師匠がフライブリッジに戻ってきた。

「ここが浦賀にある二つのマリーナ、ヴェラシスとコーチヤの入り口だよ。ヴェラシスはご飯食べると係留がタダだから、みんな結構使っているよね」

ヴェラシスとコーチヤは東京湾に入って、最初に休む事ができるマリーナの一つ。特にヴェラシスはその規模とホスピタリティー、併設するリゾートマンションなどで人気も高い。

「ほ〜、そうなんですか〜」

と、僕はまたまたメモメモ。ボートフィールドがどんどん広がるのはとても素晴らしいことだ。船体が1ft大きくなった時のボートの排水量じゃないが、一つ新たなフィールドを知る事で、ボートの楽しみ方が3乗のスピードで広がっていくような気がする。ここまでの行程でも僕は、東京湾に浮かぶ灯台を見て、トトロを仰ぎ、飛行機を眺め、漁船をかわし、猿島で遊び、潮干狩りも楽しみ、海の状況を携帯電話で調べ、無料で係留できる場所を知り、ご飯にありつく方法を教えてもらったのである。

だから多少の修行にへこたれてはイカンのである。

ザ・お師匠ズの愛あるムチに耐えて、いつかきっと立派なキャプテンになってみせましょう！

浦賀を過ぎると次なる緊張が襲ってきた。右舷からは張り出した岩場、そして前方左には島影。笠島《かさ》・海驢島《あしか》である。「海驢の番」という言い伝えがあるのだが、その通りに、夜には島の上に灯りがともり、航行する船舶に寝ずの番で警告を与えている島だ。島の姿は通称の通りアシカそのもので、結構笑える。

そのユーモラスな姿に僕がぽ〜っとしていると突然トン吉師匠が、まるで後ろからチャージをかけたサッカー選手にイエローカードを出すようなキレと勢いで、僕を怒鳴った。

「その方向じゃ、座礁するよ！」

見ると海驢島から東に３００ｍほど（進行方向の左側である）離れて、ポッンと危険を知らせる浮標が立っている。思った以上にその間隔が広いこの浮標と島の間には、実は暗岩と干出岩※がゴロゴロで、航行が不可能らしい。僕は海驢島と神奈川サイドの岸との間を通るのが直線距離なのは分かっていたが、少し岸に近すぎると思い、右舷に島を見てかわすために大きく左転舵しようとしていた矢先の事だった。

ヤバイ、ヤバイ、このまま行けば座礁だった。

針路を右に取り直して、ビクビクするほど近く感じる（それでも１００ｍはあるだろうか）

※暗岩と干出岩　［暗岩とは低潮時でも先端を水面に露出しない岩。干出岩とはおおまかに言うと干潮時のみ顔を出し、満潮時には水面下に沈む岩。］

岸を右舷に見ながら、海驢島との間を通過した。

「あそこの島から浮標の間は、人間が歩けるぐらいの水深しかないぞ。特に潮が引いている時はヤバイ。ここを通るか、浮標のさらに向こう側を通るクセをつけな」

は～い。それにしてもお師匠様、さすが物知りですね。ありがとうごぜぇます。

こうして少しボートが進むたびに、次々と新しい知識が増えていく。

⑧三崎港へリーチ！

時計を見ると夢の島を出てから1時間25分が過ぎていた。

「あと20分ぐらいで着くよ」

チン平師匠もスターンデッキからフライブリッジへと上がってきた。これで4人がフライブリッジに勢揃い。いよいよ東京湾の出口が近づいてきたのだ。浦賀を越えたあたりから波長も長くなり、海の表情も変わってきた。波というよりはうねりに変わってきたような気がするし、水の色も濃くなってきた。

大きな海の近づきを感じる瞬間でもある。

間もなく太平洋かぁ〜。感激しちゃうなぁ！　この僕が、ボートで太平洋ですよ！　信じられないね、うひょう！　三崎、三崎ぃ！　マグロ、マグロぉ！

こんな日はお日様ですらご機嫌な航海を後押ししてくれているような気さえする。クレヨンで力強く画用紙に描いたような、光がいっぱい飛び出している太陽にチラリと目をやって、そして微笑む。

浦賀水道航路の終わり、1番ブイを左舷に見届けてから数分のち、右舷に剱埼灯台が見えてきた。正確には「つるぎさき」、しかし、誰もが「けんざき」と呼ぶ、三浦半島の突端である。

「三崎に行く時はここをショートカットしてはイカン。剱埼沖、城ヶ島沖には定置網がたくさんある。大きく、大きく、回り込めよ」

イエッサー、師匠。大きく、ゆっくり、右旋回致します！

……かなり大きく回り込んだつもりだったが、それでもボート直近に定置網のブイを見た。要注意、要注意。またまたここはメモですな。

さぁ、いよいよ三崎の姿が目に入ってきた。三崎漁港に入るには、大きな赤い橋・城ヶ島大橋が目標だ。できるだけ入港路に正対する位置まで大きく回り込むようにボートを動かしてから、右に針路を変え、いよいよボートが直線アプローチに入った。

飛行機と船は共にシップと呼ばれ、名称やライトの色などの共通点が多いが、入港時はさながら滑走路に機体を降ろすパイロットのような気分だ。僕はすっかりパイロットになりきって慎重に、慎重に、ボートを進めた。

三崎の堤防まであと60ｍ、40ｍ、20ｍ……今、堤防に入りました！

スロットルオフ、デッドスローにします、微速前進！

テレビゲームでしか味わった事がないが、無事に飛行機の着陸を終えたような気分になった。横目で周りを見ると、堤防の横で釣りを楽しんでいる太公望達の姿が目に入る。堤防には湾内徐行の文字。左舷側には露出している岩礁。おっと、ここは浅いんだな……。

ゆっくりゆっくりボートを進めると大きな橋の下に来た。城ヶ島大橋だ。左は浅く、岩肌が見える。左舷注意、左舷注意。ボートが欄干のセンターを通過したのを見届け、やっと細く、長く、僕は息をついた。

ここでオーナーのカン太師匠と操船のバトンタッチをして、僕はクルーとしての着岸準備に入る。今日は三崎港、岸壁への着岸だからフェンダーを出す位置はボートの船体とデッキの接合部分で一番出っ張っているガンネル※（ラブレール）位置が正解である。

ふふ、フェンダーもロープももう失敗しないぞ。ＯＫ、余裕、余裕でしょ。

※ガンネル［ボートの船べり。デッキと船体の接合部分。］

（本当はフェンダーを出す時にちょびっと足が滑って、レールに小指をぶつけ、痛かったんだけれども～）。

さぁ、いよいよ三崎へ上陸だ。しかし、マリーナ育ちの僕は桟橋にあるクリート※ではなく、コンクリートの岸壁に無骨にころがっているリング状の係船設備を見て、急に手が止まってしまった。

さぁ、血圧急上昇、巻き結びか？　それとも舫い結びが正解なのか？

悩んでいるとすかさずトン吉師匠から指令が飛んできた。

「何やってんの。輪っかくぐらせたら、そのままロープを『行ってこい』してボートのクリートに結べばいいじゃない」

目からウロコである。どうやってこの輪とロープを結べばいいかばかりを考えていた。実践にまさる教科書はないというわけだ。

「このほうがロープをいたずらされなくていいんだよ」

なるほど、そんなメリットもあるんですね。また勉強、勉強。

係留ロープによりしっかりと確保されたボートは陸から見ると小さく感じられた。キャプテンカン太は例により、メインスイッチを切る作業中である。僕のつたない知識の中でも無事に

※クリート［ロープをくくりつけるためにボートや桟橋に設置されている金具。T字型が多い。］

着岸が確認できると、ちょっと気が緩んだ。

その時突然、僕のお腹から「グウゥゥ」という大きな音。気が抜けたから腹が減る。体は正直なものだ。

「お腹すいた〜！」

ボートはホントにお腹がすく乗り物だ。どこかに到着すると、すぐに何か食べたくなる。そんな空気の中、グッドタイミングで料理長のチン平師匠が、本領発揮の提案を行った。

「メシ炊こう。刺身買ってきてさ！　クズ帆立の味噌汁も作るよ」

うっひゃ〜、それ賛成っすね！　ビューティフル！　グレート！　なんて素敵な提案ざんしょ。

ボートでの食事は何を食べてもウマイ！　僕が初めてボートを手にした日、愛艇のフライブリッジで食べたカップラーメンの味は、今でも鮮烈に覚えている。

ボート料理の初心者はこのようにお湯を注ぐだけの食事からスタートし、そのうち電子レンジを使って弁当やピザを温めるようになる。そして炊飯器が登場すると一気に本格化し、包丁、まな板で下ごしらえ、ガスコンロを使っての鍋や、電気ホットプレートを使っての焼肉、桟橋でのＢＢＱ、最後はシチューや揚げ物、天ぷらまでとステップアップしていくのである。

ただ基本は「男の料理」ってやつで、普通はなかなか揚げ物やグリルを使っての焼き物までは手が伸びない。だからこそ天ぷらだけでなく、くさやまでもがメニューにあるチン平食堂はボート仲間では偉大な存在なのだ。

今日は三崎、食材は豊富に手に入る。師匠の手にかかれば、刺身や味噌汁ぐらいは瞬間芸みたいなものだろう。

僕らが係船処理をテキパキと終えている間にもボートの発電機がスタートされ、ほぼ同時にチン平師匠がお米（もちろん海を汚さない無洗米）とミネラルウォーターを炊飯器にセットした。海を走るボートではステレオや室内灯、航海機器のための12Ｖは車と同じでエンジンに付いている小さな発電機（オルタネーター）から手に入れられるが、当然ながら家庭用電化製品を使うのに必要な１００Ｖの電気を手に入れるには、別に電気をつくる（発電する）しかない。お祭りの屋台横などでよく見かけるガソリンを使ったポータブル発電機も便利なのだが、排気ガスの処理（ヘタすると一酸化炭素中毒死する）や給油（ボートの主機は軽油なので燃料タンクが共有できない）の問題があり、やはりベストセレクトはこのディーゼル発電機だ。

だが驚くべき事にこの発電機が大変大きく、重く、かつ値段が高い。それゆえにスモールボートで設置している例はまず見ないのだが、このカン太師匠のボートは少し大きめの32ft。５kwのディーゼル発電機を備えられるキャパシティーがあったというわけだ。

（余談だがこの発電機、お値段はなんと小型車1台分もする）。

チン平師匠がご飯を炊く準備を整えスイッチポンしてから、メンバー4人全員が揃ってボートを降りた。僕はこの集団の中にいる事を誇りに思いながら、釣り人で賑わう岸壁を右へと連なって進み、三崎のランドマークである水産物の巨大マーケット「うらり」へと流れ込んだのである。

三崎の味に感涙、です！

海・楽・里の漢字から音をとってネーミングされたという「うらり」は漁港の岸壁に沿うように建っている大きな建物だ。ここには冷凍マグロの塊がいくつも並んだ大型のショーウインドウがある。瓶詰めや干物を並べた店がある。魚屋さんのように新鮮な海の幸を並べた店からは粋な掛け声も飛び込んできた。実に活気に溢れるマーケットだ。

小規模な水産品のお店が集まっている「魚市場の場外」を歩いているような錯覚さえ覚える、大きな大きな集団店舗の中で、商売の勢いを味わい元気を充電しながらゆっくり歩いていると、スタスタと先を行き、散り散りになっていたお師匠さん達が乾物系の売り場前に集結しているのが見えた。どうやら商品規格からは外れた「クズ帆立」の袋を値切っているようだ。

近づいて見るとクズといっても身が小さいだけで、姿は立派に帆立のそれだ。

チン平師匠を見るとざっと70～80個の貝柱が入っているであろう袋といくつかの大きな袋を、すでに小脇に抱えていた。カン太師匠も何やら紙包みを持っている。

「今日はね、すぐに食べられるようにイカにしたよ。マグロはみんなコチコチに冷凍してあるんで解凍しなきゃなんないんだ。料理するには時間がかかるんだよね」

やはりメニューを決めたのはチン平師匠のようだ。チン平、カン太、両師匠の表情からはいずれもご満悦が窺える。首尾よく狙ったものを手に入れられたんですね、お師匠様。ＯＫです、僕の頭の中もマグロからイカに切り替え完了でござんす。

これで昼飯の充実が約束されましたね～！　早くメシにしましょうよ！

出がけに出口そばのカウンターで大人４人が行儀よく並んでソフトクリームを買い、ペロペロ舐めながらボートへと戻る。

さぁさぁ皆さん、ちょっと年食った悪ガキ軍団のお通りですよ。道を空けておくんなまし。この怪しげなご一行様の素性がまさかボートのオーナーだなんて、ここにいる誰もが想像できないに違いない。

誰だ、ボートにバブリーなイメージつくったやつは！　ボートは決してバブリー軍団だけのものではない。真の姿をよ～くご覧くださいな。

ボートに帰り着くと小学生ぐらいの男の子を連れた親子が、僕らのボートの前に立って記念撮影をしていた。

「乗ってみるかい？」

とトン吉師匠。僕は、見る見るうちに表情が輝いた男の子の手を取り、早速フライブリッジへと導いてあげた。得意げな表情で嬉しそうに、父親が構えるカメラに向かって何度もVサインを作る子供。しかしその子供以上に、ひょっとすると僕が、得意げな顔をしていた事だろう。

（どうだい坊や、ボートっていいだろ？）

チン平師匠が食事の準備をしている間、手持ち無沙汰となった僕はスターンデッキで日光浴としゃれこんだ。小学校の運動会の時に味わったような秋の懐かしく柔らかく、そして新鮮な陽射しが体をゆったりと包んでいく。

こんな時はタバコがやたらと旨く感じるものだ。プッハァ〜。

ほどなく、カン太師匠がどっかと隣に腰を下ろし、二人で連れタバコを味わった。

いつも真っ黒で笑顔のカン太師匠が、この時は珍しく伏目がちにボートを捉えながら、そっと言葉を切り出した。

「ちょっとさ、調子悪いんだよね、これ」

「え？（たった今、こんなに遠くまで走って来たのに？）」

「回転上がんなかったでしょ、さっき」

「……」

　当時の僕のスキルでは、残念ながら気づくはずもない話である。

「（ＳＣ－32に搭載されている）ＶＯＬＶＯ41エンジンは定格３６００（回転）なんだけど、今、３３００までしか回らないんだよね」

「……」

「ハンプ（プレーニング直前の状態）での黒煙も多いしね。ターボかなぁ……」

　ここからのエンジン論は、初めて聞くような事ばかりだった。

　ボートではエンジンの回転が上がりきらないというトラブルが意外と多い。原因は単純に積載量オーバーかもしれないし、プロペラのピッチが合っていなかったり、スリップしていたり（特にシャフト艇以外のボート）、機関室の空気が不足していたり、船底の汚れ（特にフジツボなどがびっしり付くと影響大、係留艇には多く見られる）、燃料の供給不足につながるライントラブル、燃料系統の温度上昇、ターボの不調、……ざっと思いつくだけでも、結構いろいろな理由があるらしい。

一方的に話を聞く事しかできなかった（知識がなかった）当時の僕は、バツの悪さを食事のテーブルをセッティングする作業でごまかしつつ、カン太師匠の熱きエンジン論に頷いているだけだった。

話が途切れた。それをきっかけに僕達二人はボートを降りて、少し離れた岸壁によじ登り腰掛けてみた。会話を止めるとあたりの音が、ストレートに耳に入ってくるものだ。

土曜日の三崎の海は、意外なほどの静けさ。空を舞う鳥の羽音すらひょっこり耳に届く時がある。三浦半島の最南端に位置するこの三崎は、バイク乗りにとっても一つの聖地のようで、黒革のライダースーツを身にまとった5、6人の集団が、遠くに二つ、三つ。そのいずれからも、若い笑い声がはじけて、届いてきた。また岸壁の並びからは、釣りを楽しむ親子連れの甲高い声も聞こえてくる。

時折、ポンポンと走り抜けて行く地元漁船の曳き波が岸壁にザザァと押し寄せる中、もう一度タバコに手を伸ばし、僕達二人は静かな岸壁に折り重なってくる音の饗宴を楽しむ。

真っ白い雲のスピードは、時間の流れに合わせるかのように、ゆっくり、ゆっくり。

これから食らうであろう、素敵なご飯への期待感が心のステージをまた一つ押し上げて、しばし贅沢なひとときを過ごす事ができた。

さぁ、時は来た！　いよいよ待ちに待った食事の時間なのだ！

ボートを係留した真横の岸壁に、折り畳み式の４人掛けテーブル（キャンプ用品である）を出してから、雰囲気をグレードアップするために鮮やかな黄色のテーブルクロスを敷いてみた。よしよし、いい感じじゃない！

クーラーボックスから冷えたビールとウーロン茶を取り出して並べる。割り箸や器、コップの配置も完了。これで主役を待つステージが整った。

まずは炊飯器の登場だ。やっぱり炊き立ての「ゆげゆげ」ご飯はウマイのだよ。

すぐあとに、帆立汁の入った大きな鍋。

さらに大きなお皿の上にズラズラっと整列する、透き通るようなイカの刺身がテンコ盛りのワサビと一緒にお出ましになった。

「イカの刺身丼だよっ」

得意げにチン平師匠が叫んだ。それにしても４人で食べきれるだろうか、と思うほどの量だ。ノドがキュウゥと鳴った。ボート仕様の（割れない）プラスチック丼《どんぶり》にアツアツご飯がよそわれる。

そしてそして！

その上を埋め尽くす、イカ刺しの大群。

岸壁を行き交うギャラリーは例外なく熱視線ビームをもって、我々の食事を端から端まで眺めていく。

「これは静岡の本ワサビだからね」

おおそうなのか〜、脇役も完璧だなぁ〜。

その本ワサビをこれまたなんと本格的な事よ、サメ皮でおろして箸で少しだけ醤油と混ぜ合わせる。あまり掻き回さずに適度にダマが残った状態をつくる。

こいつを一気にドバッと丼にかけ、お待たせ致しました！

「三崎イカ丼」の完成です。


僕は丼に集中する。

ご飯を完全に覆っているイカの大群を掻き分けながら、野球のピッチャーよろしく大きくお箸を振りかぶって、深く深く奥へ箸を突き刺し、持ち上げて、グルリと見回し、バクゥと一口目を食べた。

……絶句である。舌の味覚感知機がフル動員されて、脳に旨味を伝えてくる。

こんなシンプルな料理なのに、僕はすでにほとんど涙目となっている。

そして、休む事なく欲望に忠実に、次の帆立汁へ箸を伸ばす。お椀には帆立山盛りの味噌汁。ズズズッ。

「ほぁ〜あ、旨めぇ〜よぉ〜」

海で食べる潮っ気たっぷりのメシはそれだけで合格！　なのだが、ホント〜にこれは旨いのである。「三崎イカ丼」は目前の三崎の幸を全てノドに閉じ込めたような味だった。

イカ、帆立、ご飯バクゥ。イカ、イカ、帆立、ご飯バクゥ。

……あれ、もうなくなっちゃった……すんませ〜ん、お替りデ〜ス！


こんな勢いで15分もしないうちに、ご飯タイムは終わってしまった。

満足感タップリの昼食なんてそうそうあるわけじゃない。

特にウィークデイのランチタイムなんて、たいていは空腹をなだめるために手短なものを掻き込むだけだ。しかし今日の船ご飯には参った、完全にやられた。何しろお腹いっぱいの幸福の上、デザートに笑顔の余韻までつけられてしまったのだから。


こんな経験をすると、やっぱりボートにはキッチンが欲しい。ちょっと手を加えただけの「男の料理」の味は、シンプルだがとてつもなく旨い。そして、男の料理を一番旨く頂く場所は、やっぱりシーサイドなのだ。
だから「ボートにキッチン」。この組み合わせで、ボートの旅は2倍楽しくなるのだ。

第5章

初めての冬、イジリー選手権と初日の出クルーズ

［一重継ぎ］

年越しそば
ボー

東京都
夢の島
マリーナ
千葉灯標
東京灯標
東京湾
神奈川県
横浜
木更津港
中の瀬航路
富津岬
江ノ島
横須賀
観音埼
浦賀水道航路
千葉県
三崎港
保田
富浦
館山港
洲埼
野島埼
初日ポイント

ご来光
おーっ!

イジリーだよ、全員集合

12月の声を聞き、東京にも本格的な冬がやってきた。

今朝の最低気温はついに2度である。おお、寒っ。

街がすっかりクリスマスイルミネーションの赤と緑に覆われているこの季節は、ほとんどのボート愛好家にとって間違いなくオフシーズン。実際にこのマリーナ（の他の桟橋）は閑散としており、夏の賑わいはどこへやら、当然の事だがこの季節はゲストの女神達もいないので、大好きな甘く危険な香りも漂ってこない。ガックシ。

冬場になれば週末の義務と化しているお務めが、ひょっとすると休めるかもしれないなぁ……と一瞬考えもしたが、皆さんの予想の通り（爆）、ザ・お師匠ズに四六時中見張られているこの桟橋だけはオフシーズンがなかった。

ザ・お師匠ズにとっては、この季節は乗るのがオフなだけで、メンテナンス的にはオンシーズンのようなのである。

しかし妖怪のように見えるこの人達も実は生身の人間だから（当たり前か）出航回数や出航距離は夏のそれに較べてずっと少ない。出航が少ない代わりに、ボートのキャビン（船室）に留まり一日中お酒をあおっている日もなくはないが、冬場の多くの時間を彼らはメンテナンスやグレードアップ（つまりイジリー）に充てるのである。

この日はトン吉師匠のボートにフルメンバーが集まる事となった。

本日のミッションは「フライブリッジシートの改造」である。

トン吉師匠のカリビアン28は、外観をその原型となったアメリカの銘艇バートラム仕様にし、デッキは総チーク張り、船内のシートや操船席を変更し、冷蔵庫やテレビも設置、ヘッドルーム（トイレとシャワールームの事）はきんピカに装飾、エンジンもマークルーザーからVOLVO42に換装と、まさしく全体をイジリ倒しているこのボートだが、今日の作業はフライブリッジの既存のシートを取り払い、木で作られたBOX（これもお手製）を椅子代わりに備え付け、その箱の中に新たに購入したHONDA製の1・6kwガソリン駆動インバーター発電機を設置しようというものである。

ディーゼル発電機を装備していないトン吉師匠のボートは、東京電力のデンコちゃんが訴えている以上にこの限られた1・6kwの電気を大切に使わなければならない。トン吉ボートの空調設備はマリンエアコンに較べて起動電圧が低い家庭用のインバーターエアコンが取り付けられている。もちろんエアコンの室外機なる異物も背負わなければならないのだが、機械のデキとしては成長が遅いマリン物より家庭用電化製品は性能が優れているため、特に関東以北のオーナー艇では、まま見うけられる設備だ。

この家庭用エアコンなら１・６kwの発電量でも充分に稼動できる計算なのだ。暑い季節に冷房の利いたキャビンは天国であるし、経験上、真夏の東京でマリーナステイをするならエアコンは必需品といえるだろう。

今回は一酸化中毒が怖いポータブル発電機ゆえに、安全な排気を考えながらも邪魔にならない場所に常設するという事で、フライブリッジのシートが設置されているスペースが選ばれた。

さて、チームR桟橋、全員集合！

トン吉師匠が口火を切る。

「もくもく（近所のＤＩＹショップ）で買ってきたよ、これ」

キレイに切り揃えられた木材、角材。

さっそく材料を横目に見ながら塗装、ネジ穴開け、面とり、既設の椅子の撤去、と各々に指令が飛ばされる。僕は電気ドリルを手にしてＬ字金具を取り付けるための、クギ穴開け作業に取りかかった。時折寒い風が吹き抜けていく桟橋で、全員が黙々と作業に励む。

桟橋仲間ではこのように仲間内で助け合う事がよくある。いい例としては船底清掃や船底塗装の共同作業などだが、これは義務というよりは長屋での米や醤油の貸し借りみたいな感覚だ。

たとえボートを出さなくても仲間が集まる桟橋ではこのようにやる事が溢れているのである。

この日は（なんと8時間も！）ザ・お師匠ズのお陰で、大工作業の丁稚奉公をしながらではあるが、新たなボートのイジリ方を習得できた素晴らしい一日であった（……もちろん、皮肉がタップリ込められている）。

年越しそばから初日の出へ

日が変わって今日は1年の最後の日、大晦日。

大晦日といえば普通は師走の1ヶ月間走り回っていた先生ですら、さすがに家のコタツにもぐっているであろうという日である。

しかし……この桟橋だけは、どのボートも家族連れで全員集合、大賑わい。

なぜなら、大晦日から元日にかけての二日間はこの桟橋の恒例行事である、年越し〜初日の出ツアーという2年越し大イベントがあるからなのだ。

予想通りお昼過ぎになると、三々五々、桟橋に人が集まってきた。

今年の大晦日、トン吉師匠は奥さんと二人で、チン平師匠は奥さんと子供夫婦とお孫さん二人の計６人、カン太師匠は子供と会社の部下で計４人（ちなみにカン太師匠は水産加工品販売業の社長さんである）、そして僕は会社の女性同僚（あくまで同僚で残念ながらヘンな関係ではない）とその友達（どちらかといえば目当てはコッチ）の７人、女性に囲まれた幸せ山盛りの状態である。やっぱりボートが持つ女性集客力は偉大だ。いい年末だね〜。

しかし、こういう時ぐらいはゲストの前で格好つけたいですね〜。ねぇお師匠様〜。

どうか僕が恥かかなくて済むように、お手柔らかにお願い致しますよ（どうせ願いは届かないだろうけど）。

栈橋ではチン平師匠の手により、大きなずんどう鍋でお湯が沸かし始められていた。栈橋を訪れた人々の期待を一身に受けた、今年最後の食堂船の大仕事、年越しそばの茹で上げである。

大晦日の（この栈橋での）正しいタイムスケジュールは、

①栈橋上で年越しそばを振舞うための準備をする（なんと20人分）

②ボートにはお正月のしめ飾りの支度

③ワイワイ言いながら、皆でそばを食べる

④その後は各ボートに散り、年末のＴＶ番組を楽しむ

⑤ゲストと共に、ちょびっと飲む（体が温まる！）

⑥そして仮眠（グウグウ）

である。

模範的キャプテンは深酒と夜更かしはしないのである。翌早朝5時には出航し、初日の出を見るためにボートを走らせなければならないからだ。

東京・夢の島から東京湾を抜ける洲埼《すのさき》ラインまで、海がよければ20ノットでおよそ2時間。水平線からの初日の出が見たければさらに20分は余計に走らなくてはならない。まして日が昇る前の暗がり航海だから、スロットルは抑えめ、時間はもっとかかる。

僕は今年最後の食事をツルツルっと食べながら、まだ短いながらも今年から始まった「ボートライフ」を思い返していた。

ボートを持つ事で劇的に生活が変わった。

何よりも週末に海に出るのが待ち遠しくなったし、その週末があっという間に終わってしまうほど中身が濃い。だから海外旅行やゴルフにも行きたいと思わなくなった。仕事や年齢や肩書きを超えた、趣味でつながる多くの仲間ができた。それまでは好きだった車にお金をかけるのがもったいなくなって買い替え、車の排気量が半分になった。洋服がラフになった。肌が真っ黒になった。そして何よりも、生活と心に張りが生まれた。

……なんだ、いい事ばかりじゃないか。そりゃお財布は寂しくなったけどさ。

でも、お金で買えないものをいっぱい手にしたなぁ、最近はお師匠様達のお小言も減ってきたしなぁ……。

ちょっとずつ、僕も海の男になってきたような満足感に浸っていたが、すすったおそばは勢い余って入れすぎたワサビのせいかツンと辛く、

「お前、ボート乗りとしてはまだまだ半人前以下だぞ！」

と戒められているようだった。


年越しを告げる0時に響く、東京湾内に留まっている船という船が鳴らす警笛の大合唱にマリーナの中からゆえ、やや遠慮がちに参加した数時間のち、仮眠から目覚めた僕は、まだ眠っている頭と冷えた体をたたき起こしている。新年最初の出航の時間が近づいたのだ。

シンと静まり返ったマリーナの静寂を破って暖機運転を始めた、ズン、ズン、ズン、と響き渡る、野太いディーゼルの排気音。排気口付近から暗闇に溶け込むようにもくもくと立ち上る白煙が、寒さに拍車をかけているようだ。

ところで初日の出を見に行く習慣って、日本独特のものなのだろうか？

新年最初の神々しい光には、かなり深い「和の匂い」を感じる。

日本という国名、日の出ずる国という呼び名、そして日の丸の国旗。

この国に日本人として生きる限り、「日」に関しては独特の感覚を持っていたい、と僕は思う。

初日の出ツアーは2艇での出航となった。1艇はトン吉カリビアン28、そしてもう1艇はカン太SC-32。計19人が2艇に分乗して、目的地の洲埼沖に向かう事になった。

僕はザ・お師匠ズの仕込みのお陰でかなり手馴れてきた出港準備を終えると、ボートに慣れていないゲストに対して、航行中の注意をして回った。

レバーやスイッチ類には手を触れない事。急激な動きがあるので座っている事。デッキに出るなら決して落水しないように重心は低く、体はしっかりとホールドさせる事。冬の暗い海に落ちたら、ほとんどアウトだという事。トイレの際は減速するので申し出る事。救命胴衣の下紐をしっかり縛って、抜けないようにキチンと着用する事。フライブリッジの上り下りでは常にラダーの方を向いて、最大限の注意をする事……。

普段はお調子者の僕ではあるが、ちょいと格好をつけながら、ディズニーランドの係員風に1オクターブ高い声でお話ししてみた。自己採点では元旦より今年も好調！ ってな感じ。

さあ、いよいよ本年初クルージングの出港時間がやってきた。

洲埼沖に、光が射した

初日の出クルージングの行き先は房総半島を通り抜けた、太平洋上の洲埼沖。木更津ルートである。

カン太艇クルーとなった僕は、まずフライブリッジに駆け上がってＧＰＳの入力作業、少しだけ慣れた手つきで通過点の第２海堡手前にマークを置く。そしてインプットが終わると同時に桟橋に駆け下り、何本も繋がれている係留ロープを風下から順番に離し始めた。

もの珍しそうに、その作業を見ているゲスト達。

僕は、彼女達に緊張感を行き渡らせるため、わざと大きな声で、

「危ないよ、下がっていて！」

と叫んでから、ロープをボートに投げ込んだ。

全てのロープがボートに渡ったと同時に、キャプテンのカン太師匠とアイコンタクト。

ゆっくりと動き出したボートに僕は飛び移る。

ブォン、ブォン。

栈橋から角度をつけて離れるために、2回エンジンを吹かしたら、ボートの舳先がマリーナの出口へとキレイに向いた。

マリーナを出てから新砂水門までの間に、出していたフェンダーを収納する。こんなにゆっくりとしたスピードでも、切り裂くような鋭さで、冷たい風が頬に当たる。おそらく気温は0度近いのではないか。

寒さのためだけではないのだろう、いつも悠然としているカン太師匠もこの暗闇ではさすがに緊張の色を隠せず、レーダーの画面と前を行くトン吉師匠のボートの交互に目を凝らしながら、ブルッと身震いしている。

元旦の日の出時間は6時50分ごろ、まだ2時間近くある。

夜の航海は緊張感がまったく違う。何しろ当たり前だがあたりすべてが真っ暗ゆえに、何も見えないのだ。特に東京湾に係留中の巨大な自動車運搬船などは黒い大きな壁のようで、闇夜に溶け込んでしまう。陸地の灯りが邪魔をして、行き交う船がまぎれてしまう事もある。暗いがゆえに目がついてこないので、体感スピードも増加する。そして何よりも明るい陸から暗い海の方へ向かって行くので怖い。恐怖心というプレッシャーとの闘いも必要だ。

特に今日は元旦、ゲストは満載。一年の計は元旦にありと言われる通り、少しのミスも許されない。キャプテンとしては寒さを感じる暇もないぐらいの緊張感に包まれるわけである。

出港して1時間ほど経った最初の経由ポイント・第2海堡付近で空がうっすらと白み始めてきた。今年一年の安航を思わず祈りたくなる、空気のきれいな空だ。

冬場の透明感に加えて正月休みによる都市の排煙の少なさも手伝い、見事なまでに美しい彩りが頭上に広がっていた。よ～し、この綺麗な星に、新年のご挨拶をしようっと！

「今年一年もいい年になりますように！」

この美しさをゲスト達にも伝えたくて暖房の利いたキャビンに降りてみたところ、

……全員がスヤスヤとお休みになっていた。

あ～君達、損しちゃったねぇ。東京に居ながらにしてこんなに綺麗な空には、たぶん滅多に出会えないゾ。もったいないなかったなぁ。

第2海堡横を越えてからは、航路侵入のようなポカをしないように、GPSの行き先を浦賀水道航路4番ブイ外に取り直す。行き合う船が一艘もいない、貸切りの東京湾を、とうとうと走る。

見渡す限り、海の上には僕ら2艇だけ。初ものとはどうにも気持ちがいいものである。どんどんと赤みを帯びてくる空と競争しつつ、僕らは元旦の海を存分に楽しみながら、心はやらせ舳先を東京湾口へと向けた。


目的地である洲埼の海は、大らかなうねりに包まれていた。

到着してほどなく、さすがに全員が、もちろん完全防寒の姿で起きてきた。

「どこどこ?」

「日の出まで、あと何分なの?」

波間に漂いながら、全員が目を揃え、まさにそこであろう東の空に目を凝らす。

間もなく、本当にあとちょっとで初日の出の時間である。1分1秒毎にふわぁっと空の色が明るくなり続け、そしてその時を迎えた。

……しかし、水平線にはベッタリと雲がかかっている。

……沈黙、そして意気消沈。

残念ながらその瞬間は過ぎてしまったようだ。

「……見られないんだ……」

落胆が襲いかかる中、ベテランのトン吉師匠が皆を元気づけた。

「もうちょっとで、ちゃんと見られるよ。感動するから」

確かにさらに明るくなる東の空。一番明るい雲に狙いを定めて、全員が両手を合わせてその時を待っている。

1分、3分、5分……。

諦めの空気がボート上を支配し始めたころ、薄い雲の合間から突然、今年初めての朝日が輝きを放ってきた。

「うわ〜」と、あちこちから心の声。

さ〜っと光のラインが海を走り、ボートに刺さる。

敷き詰めた雲のせいで定刻より15分ほどの遅れであるが間違いなく初日の出である。

暖かさすら感じる、その神々しい光。

見る見るうちに僕らとボートは、太陽だけが持つ事を許された朱の色に染まっていった。

その色に染められた瞬間から少なくとも3分間、僕らの口から感嘆符以外の言葉が発せられる事はなかった。


「な、……いいだろ」

トン吉師匠の言葉が気つけ薬のようになって、己を取り戻した全員がかぶりを激しく上下に振る。

「明けまして、おめでとうございます!!」

こんなの、陸《おか》では絶対見られないよ。

やっぱりボートって最高だ!!

第6章

第二期

欲しい欲しい病の発病

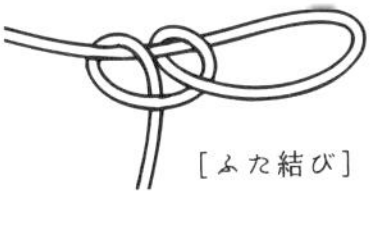

[ふた結び]

ドーン
ほー
欲しい～！

1級免許を取らなくちゃ！

感動の初日の出から始まった2年目のボートライフは、ものすごいスピードで時間が過ぎていった。

毎週末にはマリーナに行き、きっちり土日の2日間を過ごす。

ザ・お師匠ズは相変わらずで、いつもクルーとして僕を引っ張り回し、お気に入りの三崎港や横浜ベイサイドマリーナに繰り出す。チン平師匠は釣りが好きだから、愛艇ＰＣ－26で木更津沖にキスやアナゴ釣りに出かける事も多かった。

夏には念願である島行きにチャレンジしたかったが、お師匠様達と僕の夏の予定がうまく折り合わず、トップシーズンのど真ん中にいる今この時点で、早くも今年の島行きはムリそうな雲行きになってきた。これは無念の一言に尽きる。

う～ん、やっぱり人のボートを頼る事なく、自分のボートで島へ行きたいなぁ。

そのためには、安心して島へ行ける、性能のいいボートが欲しいよ……。

確かにザ・お師匠ズの言う通り、彼らのボートと較べると、僕のボートは乗っていて怖い。

初代遊海は28ftの艇体ながら、やや非力な200馬力・1機掛け。その走波性には少々問題があった。船首部分の軽さゆえ、タグボートの曳き波にですらビヨンと飛ばされ保針ができない。また保針性もいまいちで、常にステアリングに手を当てていないととんでもない方向に行くし、おまけに重心が高いので舵を切るとなかなか船体が起き上がってこないのが大きな不満だった。う〜ん、格好はいいのだが……。

さらに……ボートとマリーナライフはどれもこれもが楽しいのだが、ザ・お師匠ズとは年齢差もあり、酒を飲みながらの同じ話も、（1年近く続くと）少々聞き飽きてきた。毎週毎週の事だから、段々と新しい発見や教わる事が少なくなってきたせいもあるのだろう。

これ以外にも1年間の実地研修（？）がもたらしてくれたおみやげとして、自分で海のフィールドを広げる勇気が湧いてきたのも事実。

で、こんな結論が導かれた。

「よし、ボートを買い替えよう！」

「買い替えて、島へ行くぞ〜！」

当時はトン数で免許が分かれていたため、船を買い替えサイズアップするならば、必要となるのが1級免許である。

よし、と思い立った僕は、1週間レベルのまとまった休みが取れないので、合宿式教習で有名な尾道《おのみち》ではなく、横浜にある日本船舶職員養成協会（JEIS）に通う事に決めた。時期は7月下旬。しかも通うのは土日。

海で遊ぶ最高のシーズンと重なってしまったが、今後何十年と続くボートライフのためだ！と自分に言い聞かせ、多くの土日を耐えに耐えて、やっと8月末に1級小型船舶操縦免許を取得した。今年の夏は1級免許に捧げたのだ。ふう。

この1級免許の難易度であるが、4級保持者は講習時間などで優遇措置があり、また僕の場合、日ごろの実践で自然と身についていた部分も多かったので、試験はさほど難関ではなかった。しいてあげれば機関とチャート（海図）がポイントだろうか。これもちゃんと講義を受けていればなんら問題はないと思う。

で、2艇目は何にすんの？

さて無事に1級免許も取って準備は万端。僕にボートを買い替えるタイミングがやってきたのである。

安心して出航できるボートを持てば、お師匠様がいなくても遠くに行く事ができるだろう。いつもお師匠様と一緒だったから、お陰でいろいろなトラブルシューティング&応急処置も経験できた。そこから学んだ海の怖さを承知の上で、もう一歩踏み出して夢の島マリーナ以外の人や海と交流したくなったのだ。

新しいボートに求めていた条件はディーゼル、2機掛け、全体の綺麗さ、居住性、そして何よりも走りの安心感。と言いつつも僕は心に決めていたボートがあった。

YAMAHA　SC－32。

話にも散々出てきたが、この1年で最も多く乗ったであろうカン太師匠と同機種のボートだ。先にも述べたが師匠のボートはオーナーの優しく面倒見のいい性格ゆえ、いつも多くのゲストで溢れている。僕はこのボートを買う事により、そんなマリーナライフも一緒についてくるような気さえしていたのである。

気に入っている点は……、

6人で楽に宴会ができる室内の広さ、アワー※60リットル弱という経済性、最高32ノットの速さ、VOLVO41エンジンへの信頼感、オープンカーのようなシート配列のフライブリッジ、流通しているタマ数の多さ、そして舵を切った時の腰の強さ。

※アワー 「ボートは車と異なりエンジンの使用状況を走行距離で表わせないので、「何時間動かしたエンジンか」をアワーメーターにより示す。発電機も同じ。この場合は稼動1時間あたり…という意味。」

逆に気になる点は……、

人気機種ゆえの中古市場での値段の高さである。

的を絞ったら即行動、早速2艇目選びのために動き始めると、ボート歴が長いザ・お師匠ズからすぐに色々な情報が飛び込んできた。

それにしても中古ボート情報に至るまで、この人達はホントにボートの事ならなんでも知っているよなぁ……。狭い世界とはいえ、ビックリだよなぁ……。夢の島マリーナの世界しか知らない僕は、ますます考えてしまう。

「芝川マリーナにいいSCがあるよ。実はこれ買う時にどちらにしようかと、最後まで迷ったんだ。当時はちょっと（値段が）高かったからね」

カン太師匠のお薦めで早速ターゲットが1艇決まった。

皆に背中を押された僕は、高いテンションで持ち主のところへ電話をかけてみる。すると電話の向こうではスグ見に来なさいと言う。僕は次の休みである翌土曜日に訪れる約束をして、電話を切った。

ご対面で一目惚れ

約束の土曜日、持ち主のA氏を訪ねた。A氏はバス会社を経営されている社長さんである。待ち合わせ場所は先方の会社の応接間。壁にはご商売の観光バスとボートと小型飛行機の写真。

「ほぇ〜。この人、飛行機までやるのかな……」

待つ事5分。にこやかな中に経営者らしい鋭い眼光の紳士が登場した。差し出された名刺には小型飛行機のイラスト。やっぱりプライベートが充実している方のようである。話も早々に、社長さんの車に先導されて恋人が陸上保管されているマリーナに向かう。

そこでちょっとした驚きが。

なんとこの社長さん、黄色ナンバーの軽自動車に乗っているではないか！

「ふ〜ん、飛行機まで持っているのに、自分は軽自動車かぁ……」

こういう人が本当のお金持ちかもしれないなぁ……などと思いながら車のあとを追いかけた。

到着するや否や早速、陸置きされているボートの横に脚立を置き、よじ登ってみる。

思い返せば最初にボートを買った時は、どこを見ればよいかも分からなかった。もちろんマダマダのひよこではあるが、その時に較べれば知識量もずいぶん増えたような気がする。ボートの何を見ればよいかも結構学習してきたかな。自分が持つ精いっぱいの知識の中で、ジックリとエンジンルームを見せてもらいチェック作業に入った。

参った、オイル跡ひとつなくピカピカである。僕ごときの知識では、いちゃもんをつけるスキがまったくない。

文句なしである。

もう一度、念のためもう一度、キャビンの中や寝床となる船首部分（Ｖバース）、外観などをくまなく見て回る。ＧＰＳもレーダーも完備。ただし陸電設備はあるものの、残念ながらエアコンと発電機がない。トントンと頭の中で電卓を叩いてみる。……ちょいと予算オーバーか……。

初代遊海は家庭用エアコンを積んでいたため、停泊中にちょろちょろと熱交換の水を出すマリンエアコンは、機能性はともかく憧れの装備で、次のボートには絶対付けようと思っていたからだ。

「う〜ん、いったい、いくらかかるんだろうな……」

業者を通していない個人売買だから、高額なボートに消費税がかからないのがせめてもの救いであった。僕は状態のよさを確認し、もう一度値段の交渉も含めて、少々冷静に検討する時間を頂戴する事にして、おいとまをした。

交渉を終えたその足で、夢の島マリーナに直行すると、みんなニヤニヤした顔で桟橋にスタンバイしている。コンビニの前で後輩を待ち伏せしているいじめっ子軍団のようでもある。

「どしたの、決めたの？」

相変わらずぶっきらぼうにトン吉師匠が口火を切った。

僕はボートの状態や装備、年式、エンジンアワー、そして価格を興奮気味に告げた。

「買いだね。あれはいいよ」

なんだ、すでに見ているんですか！　まったくいつの間に見に行ったのだろう。

「どうせゆかいが見たって、いいか悪いか、分かんないでしょ」

関係値がない人からの言葉だとかなり冷たいセリフに聞こえるが、この言葉にはまるでカリフォルニアの太陽がオレンジに降り注ぐがごとく、タップリの愛情が含まれているのがすぐに分かった。突っ走る僕の性格とボートを見る能力をとっくにお見通しで、どうも事前にボートの状態を見てくれていたらしいのだ。

「値段、高くないですかね？」

「いいもんは高いんだよ。高いのにも安いのにも理由があんの。それにそんなもんでしょ」

「だって新しいでしょ？　スロットルが半油圧でしょ？　最終型しかないんだよ、あれ」

さらに言葉が続く。

「海水が漏れて塩が白く吹いた跡もないし、オイルが漏れている跡もない。ボルトを開け閉めした跡もない。レンチでトルクをかけたボルトは角がなめるから分かるよね。船底に水アカもたまってないし、エンジンフードにも錆ひとつない。コックも正常。エンジンの色もVOLVOのもともとの色で再塗装なんかしていない。駆動部分だってドライブを固定する爪がしっかりしているし、それを覆っているブーツもきれい。プロペラもきれいだし、ギアもカチッと決まる。おまけに稼動時間も年式相応。飛行機乗りはやっぱりエンジンに手を入れているね」

なるほど、細かいところまでチェックしているもんである。なんだかお師匠様にそう言われると保証書を書いてもらったような気分になり、嬉しくなった。


そうと決めたらあとは行動。カン太師匠と同じSC－32ならボートライフの夢は膨らむ一方である。

さっそく先方に連絡を取り最終の値段交渉をすると、オマケとして、買えば10万円以上するポータブル発電機（しかもトン吉師匠のFBに設置したものと同じ最高級HONDA製1・6kwインバーター発電機、通称「ホンダくん」）をつけてくれる事になった。しめしめ。

こうして僕のボートライフを激変させる2艇目の「遊海2」は意外とあっさり決まったのである。

第7章

謎の集団と第四の男

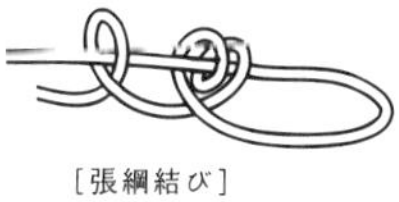

［張綱結び］

TOP
ちゃん

ボートオーナー集団を発見

さて、新しいボートを手に入れた事により、栈橋に向かう足取りがさらに軽くなってきた。このボートならば、ザ・お師匠ズの都合に合わせなくとも、一人で出航できる。

理由は二つ。

一つ目はマシンに対する信頼感が抜群にＵＰした事。ボートの性能が上がれば、心のゆとりも増える。

そしてもう一つは着岸が易しくなった事。ボートはただ真っ直ぐ走らせるだけならさほど難しくはない。ところが着岸のようにスピードが遅くなればなるほど、風や潮、そしてボート固有の挙動（クセ）などの影響を受ける。だからピタっと静止させなければならない着岸は操船術の中でも難しいのだ。

しかしその難関である着岸も、１機から２機のボートに替わり、クセが少なくなったので、ある程度思い通りに動かせるようになった。もちろん同型艇であるカン太師匠のボートでずいぶん鍛えた事も大きい。

ボートへの信頼感向上と、着岸の不安減少。まさに「師匠を頼る事なく」「気楽に」出航できる環境が整ってきたのだ。

ボートを買い替える時に、インターネットをフル活用して相場情報などを集めたが、その時HITした中に「海の会」なるボートオーナー集団のホームページが引っかかってきた。書き込まれている内容を見ると、どうも自分と同じ東京湾中心の人達のようだし、その証拠に事務局も港区となっている。

夢の島ワールドから活動半径を広げたい、また新しいボートと共に新しい同年代のボート仲間を見つけたいと思っていた僕は、

「こんな会があるんだ、やったね！」

と思いながら、そのHPの中の「桟橋談議」なる掲示板にお初の書き込みをした。

すると、ものの30分もしないうちに僕の残した足跡に、他の会員や常連さん達からのレスポンスがついた。こうなると書き込みが楽しくなる。何よりもお師匠様色で染まった僕のボート生活なので、若いノリが嬉しい。

同じ趣味、同じ世代。心と筆が走る、走る。

よく見るとこのホームページには掲示板だけでなく、写真で見る「海の絵日記」や船体、機関、操船とテーマ別の相談コーナー「小船大学よろずゼミ」など、いくつものコーナーがあっ

た。ボートの世界は他の趣味に較べて本当に情報が少なく、入り山が狭い。月刊の専門誌以外でこんなにボートの情報が溢れているメディアは初めてだった。人体カウンターを見ると１日１０００ヒット近くもあがっている。

「こりゃスゲエな」

しかし、僕は生来ネットのようなバーチャル世界に対してあまり信頼をおいておらず、

「人間は、顔を突き合わせてナンボでしょ！」

と思っていたクチだから、早くこの人達と顔合わせをし、話がしたかった。だからこそ、ちょうど開催されるというオフ会（この言葉もなんかオタク濃度が高そうで好きじゃないが）のお誘いに乗ってみる事にしたのだ。

時はクリスマス。なんでもこの集まりは土曜日の夕方から始まり、そのままボートを泊めて一晩飲み明かす長丁場のイベントらしい。

「よっしゃ、初対面でナメられないよう、気合を見せちゃるか！」

僕は停泊した自分のボートが一晩中映えるように、イルミネーションのチューブライトや光るサンタクロースなどの飾り付けを積み込み、会場となる横浜のレストランタイクーンへと向かった。

初顔合わせはタイクーン

このレストラン、横浜はもとより東京湾内でボート遊びをしている者ならば一度は訪れた事があるだろう、ボート乗りには有名なお店。

ここの桟橋は常設で、ボートが近づくとスタッフが店内から出てきて舫いを取ってくれる。桟橋を上るとかなり広めのテラスがあり、おそらく日本人向けに味を調整したであろうアジア料理を楽しめる。スバンさんという気のいいチーフが、いつも愛想を振りまきファンを増やしている、なかなか素敵な店だ。もちろん味もいい（値段もいいけど）。

ザ・お師匠ズも揃って大好きで、何度も連れて来られたから行き方もバッチリ頭に入っていた。横浜港に入港し、ベイブリッジをくぐったらすぐ左、そして運河を真っ直ぐ進む。堤防に突き当たってからは右側に回り込んで、その先左手奥の桟橋にその店は位置していた。

この日、新たな出会いに向けて、ちょっとワクワクしながらベイブリッジを目指していたら、いきなり行き交ったボートから警笛を鳴らされ、手を振られた。

「お〜い、どうも〜！」

▲ 愛艇を見ながら食事ができるタイクーン

▲ ここが東京湾!?　地中海リゾートを思わせる雰囲気

その時はポカンとして理由が分からなかったが、掲示板での会話から僕の船名と船種を掴んでいたメンバーの一人が、早くもご挨拶をくれていたのだった。

この場面、ボートに乗っている人なら「ウンウン」と頷けるポイントだが、これだけ広い海の上で（しかも当たり前の事ながら道路もないのに）知り合いのボートに出会うと、殊のほか嬉しいものだ。まるで卒業以来10年ぶりの友に会ったかのように「オオッ〜〜」という奇声を発し、これでもかというくらいに手を振ってしまう。

同乗しているゲストにも、

「アイツ、海の仲間なんだぜ〜、知り合いなの！」

と自慢気な表情をする。

ボートの上で両手を大きく振る事は、すなわち救助信号を意味する事ぐらい百も承知だが、そんな常識も忘れてしまうぐらい興奮して両手を広げ、大はしゃぎするのだ。

これはボート乗りだけが共有できる、

「お〜、お前さんも今日もボート出していたんだね〜！」

「俺たち、海の仲間だもんね〜」

「海、楽しんでいるもんね〜」

という海を共有した感情なのだと思う。

それともひょっとすると「水の上にいる心細さ」をどこか体で感じていて、孤独感でいっぱいだから仲間を見て安心するのだろうか。

まあどちらにしても、とにかく嬉しいシーンなのだ。

タイクーンに近づいて行くと、すでに桟橋は多くのボートで賑わっていた。

ソロリ、ソロリ。

忍び寄るように、様子を探るように近づくと、初めて出会う人ばかりなのに、みんなこちらに向かって手を振ったり、大声を出したりして、

「このボートに横抱き！　横につけなよ～」

と招いてくれている。今日初めて会う人ばかりだが、みんなホームページの掲示板を見てくれているんだな。

一言も交わさないうちから、心の壁が融けていくような気がした。僕は横抱きするために愛艇のフェンダーを手早く準備し、すでに桟橋に舫いを取っていたボートの横に左舷をキッチリつけた。

初めて操船術を披露するのに粗相があっちゃぁ、いけません。着岸は一番腕が分かるトコ、最初が肝心、なめられちゃイカンのです（と、着岸で散々苦労した自分は思っている）。

幸い風もなかったので、思いのほかボートをうまく寄せる事ができ、横抱き作業を無事に終えた。その安堵に浸る暇もなく、万全な横抱きにするため色々な人がいつもより多く増しフェンダーを出したり、増し舫いを取ったり、そして挨拶にも来てくれた。戸惑いのど真ん中に終始する事を覚悟していた僕は、そんな訪問が大いに嬉しかった。

ほどなく始まったパーティーではどんな集団にもある内輪ネタもあり、なんの事やら分からない事だらけの新参者は借りてきた猫のようにおとなしく、近くの人とだけ会話をしていた。しかし、それでも少なくとも10人は新しいボート仲間ができた。しかも皆、夢の島ではないマリーナの所属だ。八景島、金谷、横浜ベイサイド、ＹＦＣ（横浜フィッシャーマンズマリーナの通称）……これは大きな収穫である。

これだけでも儲けものだと思ったが、この日出会ったこの会の主催者がその後、僕にえらく影響を与える男になった。同じ昭和38年生まれで誕生日もわずか5日違い、血液型から出身地まで同じだけれども、なぜか性格は正反対（星占いや血液型占いはやっぱり当てにならんでしょ）。しかし、とても気になる男、ＴＯＰだった。

なんでも一番が大好きのＴＯＰちゃん。

一見乱暴そうで、押しが強く、自営の起業家らしい特有の強さを持っているが、実は繊細で寂しがりや。この男こそが3人のザ・お師匠ズに続く僕のボート人生に大きな影響を与えた「第四の男」である。

この日の出会いをきっかけに僕はザ・お師匠ズの下僕から巣立ち、より外に目を向けたボートマンになっていくのであった。

第8章

「マリンキッズPOO」との出会い

[もやい結び]

一緒に海を楽しもう！

　こうして僕はＮＰＯ法人「海の会」のメンバーとなり、その縁で毎年２～３回、関東一円にある知的・身体的障害児童が通う養護学校の生徒や父兄達を自分のボートに乗せ、一緒に出航するようになった。と言うのも、この会では彼らと一緒に海を楽しむイベント「マリンキッズＰＯＯ」を主催しているからである。

（余談だがＰＯＯとはParty of Ocean ～海の会～の頭文字をとったものである。正しいかどうかは別にして、習慣的に「プー」と読む）。


　このイベントの発端は、ＴＯＰの幼馴染みが、海に囲まれた横須賀の養護学校の先生だった時に交わした会話がきっかけだった。

「横須賀養護学校の子供達は、目の前が海なのにもかかわらず、一度も海に浮かんだ事がないんです。だから毎日暮らすこの町を、海から見た事がありません」

　この言葉を聞いて、何も感じない人は少ないだろう。

　毎日の生活も大変であろう知的障害、身体障害の子供達。

そしてその保護者の方々も気が休まらない毎日であろう事は容易に想像がつく。そこで、

「よし！　ならばオレのボートで、彼らを海に連れて行ってあげよう！」

と意を決したＴＯＰちゃんが、多くのボート仲間の賛同を取りつけ、

「子供や親御さんと一緒に、海を楽しむぞ！」

という単純明快な趣旨で立ち上げたのがこの「マリンキッズＰＯＯ」というわけだ。

福祉やボランティアというカテゴリーとも違う、垣根を取り払って海仲間としての付き合いで１日を遊ぶというポリシーは、なかなか素晴らしい。

お手伝いメンバーである僕らボートオーナーに与えられた課題は、無償でボートを出し、安全に彼らをボートに乗せ、１時間半程度のライトクルージングをして、一緒に昼食をとり、１日を楽しむ事である。

今回東京・夢の島マリーナで行われるのは、養護学校４校、総勢２４０名が参加する第12回マリンキッズＰＯＯ。

これだけ大人数のイベントだから、準備は大変。しかしもちろん専任スタッフなどいないため、我々は手弁当で毎回大わらわになるわけだ。

まずは開催するマリーナと日程の調整をしつつ、各学校と出席者を確認し、保険などに使う

名簿を出してもらうところから作業が始まる。

一方、受け入れ側では参加艇集めとお手伝いスタッフの募集。20艇の協力は必要だし、それ以外にも陸部隊として最低10人はいる。つまりスタッフ側だけでも50人近い大所帯。やっと乗船名簿ができあがってからも、やれキャンセルだ、やれ故障でボートが出せないだ……などと騒動は絶えない。だからいつも最終確定は前日の夜どころか、当日の朝まで持ち越される。

この夜も15人ほどの仲間が集結し、翌日のランチ・カレーパーティーに向けての準備が会場となるマリーナの会議室で始まった。仕事が終わり次第、メシも食わないで夜のマリーナに駆けつけてくれる面々。もちろん、一切の報酬はなし。それでも少しずつ優しさやゆとりを分けてくれる素敵なヤツが、海仲間にはたくさんいる。これはとても嬉しい事である。


ありがたい事にいつも素晴らしい天気に恵まれる日曜日、この日も朝8時の集合にむけて、マリーナに子供達が集まってきた。

顔に表情を出す事が難しい子も、障害の程度が軽く会話ができる子も、テンションが高い事だけは窺える。

「おっ、○○クン、1年で大きくなったなぁ～」

その中にお馴染みの顔を見つけると、こちらもホッと笑顔になる。

定刻にゲスト全員が無事集合すると、朝のミーティングである。

乗船に際しての注意事項のあと、20艇のキャプテンを一人一人紹介し、ゲストが乗り込むボートを確認してもらってから栈橋に移動。下肢障害を持つ子供はボートに乗り込むだけでも一苦労なので、栈橋ではスタッフが手分けして栈橋から抱え上げ、車椅子と別々にボートに乗せる作業も始まった。

今日走るコースは、

夢の島マリーナ→東京湾東航路→東京湾西航路→レインボーブリッジ→東京湾西航路→羽田・城南島海浜公園沖→若洲沖→夢の島マリーナ

という、ゆっくり走って1時間半のコースである。

さぁ、無事に乗船を終えると、歓声と見送りの声に包まれて出港だ。

会のロゴである「ＰＯＯ旗」を掲げた全20艇は、離岸後、すべてが揃ったところでゆっくりと隊列を整え、東京湾の入り口となる新砂水門へと向かった。

保護者や先生と一緒に参加するこのイベントでは、たいていスターンデッキに保護者や先生、そして見晴らしがよく、操船席のあるフライブリッジに子供達が陣取る。

僕の左右には、小学3年生と6年生の女の子。この二人が力いっぱい、僕の腕を掴む。

しかし、残念ながら子供達と僕の間には、一切の会話は成り立たない。コミュニケーションの手段としては、目や顔の表情、僕の腕を握り締めて離さない手の力、時に噛み付いてくる口、あとはくねらせ、弾ませ、ぶつけてくる体の動きだけ。

正直、少しは話をしたい。どうしたらもっと楽しいのか、楽しめるのかを聞いてみたいのだが、それは叶わない。僕達は、彼らの微妙な感情の変化を掴む事ができないのだ。

だが、イベント終了後は決まって、毎日を一緒に過ごす保護者の方から、

「久しぶりに〇〇がこんなに笑う姿を見ました！」

という言葉を聞く。

ちょっとした変化に気がつくのは生活を一緒にしている肉親だけで、僕らには分からない。だからそんな小さな報告が嬉しいし、正直ホッとするのである。

この夢の島発着コースでのハイライトは、羽田空港沖での飛行機の着陸見学。

青空の中の小さな粒がどんどんと姿を大きくし、旋回しながら徐々に爆音をひっさげ、まさに頭をかすめんばかりに通り過ぎた直後に、目の前の空港にキュキュっと降りて行く大型ジェット機の航空ショーに、ひるむ子は誰もいない。

子供達は興奮し、大きく体を振るのでボートから落ちるのではないかと、こちらはハラハラするが、お母さんたちはニコニコ笑っている。

やはり子供は乗り物が大好きなのだ！　この日も飛行機が降りてくるライン上に漂う20艇からは、飛行機の爆音に負けないぐらいの大歓声が起きたのである。


マリーナに戻ってからは、全員で昼食。メニューはお決まりのカレーである。

２４０人の昼食に４００人分も用意されたカレーが、今回も各々の胃袋に見事に収まった。

昨日から準備してくれた陸部隊のお手伝いの皆さんも、大変ご苦労様でした。

そして最後は桟橋に大集合して大きなＰＯＯ旗を中心に記念撮影だ。

「では、撮ります～、はいスマイル～」

４８０の瞳がキラリとする瞬間である。

そして、その一瞬を切り取る事を最後に、

「みなさん、お疲れ様でした～！」

と、イベントは終了。

今回も事故なく全てを終え、やっと「ホォ～ッ」っと一息つける時間がやってきた。

▲ 海を満喫した後は、皆で記念撮影！　パチリ！

ゲスト達が家路につき、開放されたあとは、心地よい疲労感に包まれたスタッフが集まって、桟橋での「お疲れの酒盛り」が始まる。日ごろは悪ふざけばかりの僕らだが、一生懸命真面目な顔をつくろって、格好をつけ、頑張ったあとの大騒ぎだから、ちょっとだけエクスキューズ。

「マリーナの皆さん、今夜だけはちょっとうるさくても、許してくださいね」


各地区とも参加する養護学校と生徒の数が年々増え、最近では1回の参加者が２００人を超す事も珍しくなくなってきた。となれば、参加艇の確保を確実にしていく事が今後の課題だろう。また将来的にはきちんとマニュアル化して、全国のマリーナでそれぞれの地元のボート仲間が実施してくれれば素晴らしい事だと思う。

それにしても笑う事すら難しい子供達から、今回も笑顔をいっぱい引き出してくれた「海」には本当に感謝である。

海の力って、やっぱり偉大だなぁ～！

第9章

ついに念願の島へ出航！

［よろい結び］

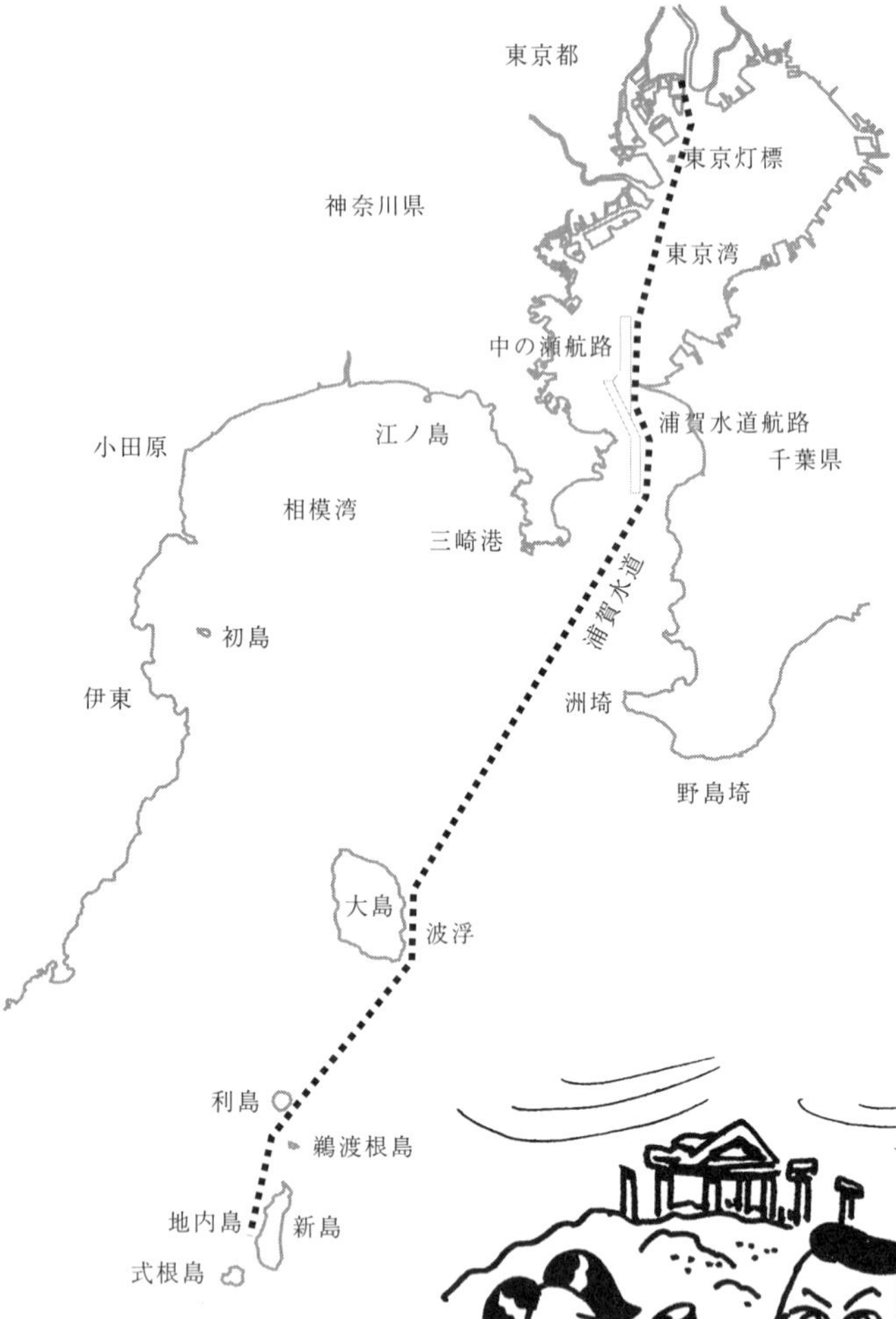
東京都
東京灯標
神奈川県
東京湾
中の瀬航路
浦賀水道航路
千葉県
小田原
江ノ島
相模湾
三崎港
浦賀水道
初島
伊東
洲埼
野島埼
大島
波浮
利島
鵜渡根島
地内島
新島
式根島

新島へ行こう！

横浜タイクーンで大きな出会いがあってから7ヶ月が経ち、それからというものは海の会の面々と過ごす週末がほとんど、そしてついに待ちに待った本格的な夏、日本の夏、ボートの夏がやってきた。

最近では1週間に4~5回はTOPと話をしている。まったく恋人じゃないちゅーの。

もちろん今日あたりも、間違いなくコンタクトがあるだろう。

それにしても週末が待ち遠しいというのは本当に幸せだ。世の中の多くのお父さんがそうであるように、ボートをやっていなかったころは、取り立てて予定のない日曜日といえば、一日中寝巻き同然の姿で家でゴロゴロ、出かけてもせいぜい近所のコンビニ。テレビ、放屁、大あくび、うたた寝、のワンサイクルで、休日なのにかえって疲れてしまう事もたくさんあった。

もちろん海に出ると体は疲れるが、心は本当にリフレッシュするし、家に帰れば気持ちのよい眠りに就ける。

「休日には海が待っているんですよ！」

……なんとキザで素敵な響きなのだろうか。

「だって、週に一回は潮風に当たらないと、ボク死んじゃうんだもん！」

てか！　アハ。


「ボ〜、ボ〜」ほら、きた。

僕の携帯着信音は、ボート仲間からかかってきた時だけ「船の警笛音」で鳴るようにしてある。海っぽい音を探してかつては「ウミネコの鳴き声」とかいうのもダウンロードしたが、猫がクビを絞められたみたいに苦しげな音だったので、それは止めておいた。

で、木曜日18時半の今、携帯が「ボ〜」と鳴ったのだ。

ほら、やっぱりＴＯＰだ。僕は笑顔で電話に出る。

「はいよ〜」

「あのさ、ゆかいのボートに炊飯器あったっけ？」

相変わらず挨拶もそこそこで用件から話し始めるやっちゃ。こんなところがＴＯＰらしい。

「あるけど……、なんで？」

「メシ炊くだろ。何人で行くの？」

「は、行くって、どこへ？」

「どこって、あ〜た、新島でしょう」

「お～新島ね。今週行くの？」

「計量カップある？」

「あるけど、今、関係ないでしょ、計量カップなんて」

「なんで？　メシ炊くんでしょ」

ヤツの頭の中で会話は繋がっているのだろうが、突然話が飛んだり、妙に細かい事を言い出したりするので、こちらは推測しながら会話しなければならない。ヤツの会社の社員さんはこんな社長でさぞかし大変でしょうな。

ま、そんな事はさておき、こんな唐突な会話で、今週末、念願の新島行きが決まった。


そうと決まったら、突然スイッチが入り、いろいろな思いが頭をめぐり始めた。

ちょい乗りの東京湾内と違って、さすがに島まで行く時は緊張感が違う。

海における天候の急変は1時間が勝負だという。海は1時間で大きく表情を変えるのだ。東京湾内ですら、先ほどまで穏やかだった海が1時間で急激に2ｍ近くの波になったり、雷が発生したり、視界わずか20ｍの濃霧にもなる。だからボートマンにとって、舫える場所（陸）から1時間以内の範囲での航海は比較的気が楽だが、それ以上の距離になると途端に緊張感が変わってくるのだと思う。その度合いはボートの航行性能や信頼度、キャプテンのスキルなどにもよるが（もちろん釣りが大好きで、毎週のように大島の沖合いまでボートを出しているベテランも大勢いる）、今でもえらそうには言えないものの、当時は本当に薄っぺらなスキルしか持っていなかった僕にとって、新島までマイボートで行く事はかなりの冒険だった。

いよいよ週末がやってきた。ボートを買って以来、ずっと夢に見ていた自分のボートで出かける遠く離れた島へ1泊2日のクルージング。メンバーはマリーナの仲間も加わって計7名。しかし、同じ趣味仲間の同級生っていいっすよね。小学生時代、やんちゃな時代、見ていたテレビ、好きだった芸能人、悪さをしていた時代、社会人になってからと、どんな昔話でも瞬間的に感覚が合い、まるで幼馴染みのように記憶がフラッシュバックする。頭の中の映像は各々でも、時代が共有できているのでどこか繋がっている部分があり、話をポンポン展開させながら盛り上がっていける。おしゃべりな女子高生よろしく一晩中でも話していられるから不思議だ。

彼は当時、荒川上流の芝川マリーナにボートを泊めていたので、前日である金曜日の夜、夢の島マリーナまで夜走りをしてやってきた。夢の島の桟橋に2艇並ぶSC－32。

僕らがよく使う言葉に「桟橋談議」という言葉がある。

この日もコースの話だけではなく、ボートの事、ボート仲間の事、所属する「海の会」の事、女の子の事……。桟橋談議の話題は尽きる事なく、夜は更けていった。

しかし、どんな話の中身だったとか、そのうち女の子の話題が何％だったとかは、ここではあえて書くことはしない。ガハハ♪

いい天気、いい海だぁ

翌朝、ボートのＶバースで布団にくるまっていた僕は、まどろみの中でまず耳だけが起床。そしてすぐさま、目覚まし代わりの排気音が聞こえてきた。

ドッ、ドッ、ドッ。

意識はまだお寝んね状態だが、徐々に体の芯に、今日何をしなきゃいけないかが蘇ってくる。そして、その何かがしっかりとエッジを作った瞬間に、

「うわっ、新島だ！」

と叫んで、跳ね起きた。

軽快な排気音は、すでにエンジンが掛かっているＴＯＰ艇のものだった。

「しまった！　出遅れたかな～」

ごそごそとボートのＶバースから這い出ると、すでに陽射しは一目で夏と分かる強い力でマ

リーナに降り注いでいた。時計を見ると、乱反射が眩しい中、確認した時刻は6時30分。あと30分で予定の出港時間である。

早速、ザ・お師匠ズのお教えの通り、海の状況を調べるべくiモードに手を伸ばす。この波浪情報を見る限りでは、昨晩の見立てはそのままで、今日の海況と天候はすこぶるいいようである。思わず独り言が出る。

「これは早く海に出なきゃ、もったいないですね～」

キャビンから飛び出し、人間様の各所のスイッチをまず全てONにする。

ふう。やっと目覚めてきたかな……。

となると、まずはボートの始業点検である。眠たい目を意識的に見開いて、ベルト、オイル、燃料、バッテリー、冷却水、清水タンク、ビルジ※、ビルジポンプ……と順番に点検していく。予備プロペラと予備のベルトも積み込んである。念のためエンジンオイルも1缶持った。工具もいつもの搭載より少し多めに積み込んでから（僕は応急処置中に、工具を海に落としてしまった経験があるのだ）、さぁ、いつも通りセルをスタート、力強くエンジンが一発始動した。排気、排水をすぐにチェック。OK、どちらもまったく問題ない。船も人間もエンジンが掛かった。あとは暖機運転を終え、舫いを解くだけである。

ひょいとTOP艇を覗くと、大飯食らいの彼が炊飯器を抱えるようにして、バクバク朝メシ

※ビルジ　船体にたまった汚水。アカともいう。デッキからの海水や雨水の浸入、清水タンクからの漏水や、燃料タンクの漏れなどが原因。ビルジポンプで船外に排出する。

を食っていた。朝から３人前も食うなんて、こいつ何モンだ。

予定通りに2艇は午前7時、夢の島マリーナを出港した。

水面は鏡そのものである。油を撒いたように落ち着いた表情の海水と、一晩のうちにきれいに浄化され、身だしなみをきちんと整えてから朝を迎えたジェントルな空気が、ご機嫌伺いをするようなフワリとした柔らかさで、僕らのボートを包んだ。

同じボート、同じエンジン。足並みを揃えて海の上をランデブーする楽しさは、実際にやった者でないと分からないだろう。東京湾は穏やかな気圧配置により牙をすっかり隠し、まるで去勢されたかのよう。そんな水面を難なくクリアしながら、2艇はお互いに「楽勝だね」というアイコンタクトを取り、前へ後ろへとじゃれ合いながら、東京湾口までをわずか1時間45分で抜けきってしまったのである。

剱埼と洲埼を結んだライン上、いわゆる東京湾と太平洋を区別するライン上を通過すると、俊足な2艇は針路を大島の正面に向ける。この辺まで来ると海の青色もその深さを増してくる。ず～っと続く海の果てがグラデーションのように青い空に溶け込み、そこに明快な境界線は見つけられない。まるで一つのものになっているようだ。

ボートの上で外洋の空気を浴びていると、

「ここの空気はきっと成分が違って、密度が濃いんじゃないの?」

と感じる事がある。

ボートを始めてから確実に僕は変わった。どんな小さな空気の変化でも敏感に感じられるように、五つの感性がどんどん開放され、野性化されてきたのだ。


太平洋に飛び出し、愛艇に身を委ねている僕らは、大海原のうねりを腰で感じ始めたものの、その長い波長は相変わらず心地よく、ボートがひとあばれもしない超快適なクルージングを楽しんでいた。

昨晩のミーティングで聞いたところによると、大島に向かう時にはこちらから見て島の左側に位置する波浮《はぶ》港に針路を向けるよりも、一旦大島の中心をめがけて走ったほうが海流の関係で波の当たりが緩いらしい。もちろん今日の航路も大島正面に一直線。この日、ここから大島までの25マイルは、ず〜っと極上のゲレンデが続き、ボートクルージングの楽しさを100%満喫する事ができたのである。


その名の通り、大きな大きな姿の大島はかなり遠くからでも見えるが、ボートで走って向かってもなかなか近づいてはこない。その姿を捉えてから、中心に向かいずいぶんの距離を走ってから、やっと針路を左に変針し、波浮への入港路あたりまで近づいた。なんだか1時間以上は同じ光景を見続けていたんじゃないだろうか。

そういえばこの波浮の港の名物がコロッケだというのを昨日聞いたな。ちょっと立ち寄って名物をパクパクしたいな……なんて考えていたら、携帯電話が「ボ～」っと鳴った。

「別に腹減ってないだろ、寄らないでこのまま行こうぜ」

そりゃ朝からご飯4杯、タマゴ2個、納豆、味噌汁をたいらげていたアンタはお腹が減っていないだろうさ。う～ん、コロッケが残念だが、まぁいいか。

今日はこの先がまだ長い。時計を見ると東京・夢の島マリーナを出て早くも2時間50分。一番気配りが必要な燃料も、この海況なら飛ばしてきたとはいえ、200リッター程度の消費だろう。残りの距離はおよそ25マイル。予想ではあと70リッターもあれば、新島に届く。このボートの燃料タンクは600リッター、充分な余力を残している計算だ。

よし、人間もボートも空腹は新島に着いてから満たせばいい。海がいいうちに一気に目的地を目指して行ってしまおう。

心を決めるとまた一段、ロングクルージングの気分が高まる。そして同時に緊張感も高まってきた。

昨日立てた計画では、ここから利島《としま》と鵜渡根島《うどねしま》の間を通過する予定。これが東京湾から新島への普通のアプローチ方法らしいのだ。ここはあまり海が良くないところらしい。

その難所を前にして、太陽が上がってきた。夏本番、挑戦的な光が空から突き刺さってくる。

上等だ、こっちだって海の男のはしくれだい。

ゴールデンウィークあたりですでに太陽の陽射しに馴染み、真っ黒な肌になっていた僕は、Tシャツを脱ぎ、上半身裸で紫外線を迎え撃つ。

さあ、太陽よ、かかってこい！


大島・波浮港沖から鵜渡根島へ当てた13マイルを、速度維持のままで30分走る。利島の姿を右90度の正横に捉えるとしっかりと覚悟を決めて、2艇のボートは針路を右に転舵、右舷・利島、左舷・鵜渡根島の海峡に入った。

こんなベタ凪な海の日でも、噂で聞いていた通り、ここの海はバシャバシャである。

今まで緩める事のなかった25ノットオーバーのスロットルをこの日初めて下げ、ボートが叩かないようにコントロールする。それでも何度か経験している「獰猛な三角波が荒れ狂う」状態とはほど遠い今日の海である。インアウト※の32ftが16ノット程度で叩かず走れる、そんなゲ

※インアウト［エンジンだけが船内にあり、ドライブユニットだけが船外にある推進スタイル。舵はなくドライブ自体を動かす事で方向を変える。］

レンデがおよそ４マイル、時間にして15分ほど続いた。

この海域さえ抜けてしまえば、新島港まで残り10マイルない。その姿も大きく左舷前方に捉え、もう余裕しゃくしゃく。心は新島に着いたも同然である。

ＴＯＰ艇を先頭に、針路を１８９度に変針。入港の目標となる地内《じない》島へと舳先を向ける。

「そろそろ、港へお迎えの車を頼もうかな」

ね、このミッション格好いいでしょ？　実はお師匠様に教えてもらった裏技なんです。

僕はあらかじめ予約してあったレンタカー会社に電話をかける。

ここのオヤジさんはなかなか商売人で、新島本村の港まで車を持ってきてくれるのである。

「どもども。あと30分で新島港に着きます。そうです、昨日電話したカン太師匠の紹介のゆかいです。で、８人乗りのワンボックスを１台お願いしますね！　よろしくです」

さあ、それにしても初めての島への航海、それも新島にやって来たんですよ！

新島と聞くと高校生がナンパするために大型フェリーで一泊して出かけるイメージである。

まさか自分のボートで、しかも４時間ちょっとで来られるとは思わなかった。

島へのアプローチはわくわく感がまるで違った。頭の中ではインディージョーンズのテーマ音楽が響きっぱなし。見知らぬ土地へ、それも離れた島へ、自分で操った乗り物でたどり着ける満足感は絶対他では味わえないだろう。

ボートオーナーの皆さん、チャンスがあれば是非、島へ行かれる事をお薦めします！

100点満点の温泉、寿司、夜景

僕らは地内島正面から90度変針して、最後のアプローチに入った。

プロペラが新島の海を掻き回した航跡は、これぞコバルトブルーという色の帯となり感激、また感激。東京・夢の島マリーナを午前7時に出発した2艇は穏やかな海に包まれながら、午前11時過ぎ、無事に新島港に入港した。

穏やかな海に穏やかな風景。そびえたつ岸壁の凛々しさと、自然のキャンバスに描かれた不思議な、しかしながら力強い岩々が織り成す造形美。そしてそのすぐそばを優雅に飛び回るカモメ達。異国情緒とすら言えるようなくすぐったい空気と、そこを貫く夏の陽。

「来たよ、来たよ、新島に来たぞ～！」

気を緩めず、ＴＯＰちゃんの号令でマリーナとは異なる、岸壁への係留のための準備に入る。ロープはいつもより長めにセッティング。ロープが岸壁に擦れるのを防ぐゴムチューブを巻き付け、念のためアンカーも落とし、ボートを固定する。ボートを衝突から守るフェンダーはティアドロップ型の大きいのを２個とスチロバールを３個。まあ、このサイズのボートで今日の気象ならこれでカンペキでしょう。

島などへ遊びに行くならば、このフェンダーは本当に重要である。穏やかな時はなんでもないが、一旦天候が荒れると、港の奥までも打ち込む波浪でボートは激しく揺さぶられ、ついには壊される。木の葉のような、という表現がピッタリの振れ回りで、クリートはもげ、ガンネルは破壊され、ロープは切れ、ひきずられたフェンダーによりレールはねじ曲がる。

昔から、ボートを守るために一番丈夫なクッション材は古タイヤと言われているが、格好はよくないし、ハル（船体）やガンネルが黒く汚れてしまう。一方、エアフェンダーはマリーナではいいが、ガサガサの島の岸壁では擦れ、削れて、いとも簡単にパンクしてしまう。だから多少運搬はかさばるが、島でのボートは、カバーをかけたスチロバールが最適だと思う。カバーをかけておく事により、万が一壊れても素材が飛び散る事なくクッションの役割を果たしてくれる。

この日は係留後、ロープの端１ｍ（岸壁に擦れる部分）を６㎜の金属チェーン＆シャックル

（U字型の金属製止め具）に替えた。これで万全、ロープが擦り切れる心配もない。

キャプテンの皆さん、島を訪れた際にぐっすり眠りたいのなら、グッドなアイテムをこれでもかというぐらい持っていく事をお薦めします。


舫い作業が完了したころに、お願いしていたワンボックスのレンタカーが飄々としたオヤジさんの運転によりやって来た。お酒を飲まないこのオジサンへのおみやげは果物がいいとカン太師匠から聞いていたので、キャビンにもぐって大事に大事に運んできたスイカを取り出す。

「ほい、おみやげです」

「なんだよ、悪いなぁ」

島では果物が大変歓迎されるというお師匠様の入れ知恵だ。なるほど、扱いが突如ＶＩＰになる。ちょっとした気遣いをする事で付き合いが楽しくなるのならそれでいいではないか！

「新島にいっぱい来るサーファー連中にはさ、きたなく使うから、車貸したくないんだよな……」

心を開いたオジサンがグチを言う。しかし、これは新島でレンタカー業をしている人達の共通した意見のようだ。サーファーさんには悪いけど、ボートマン代表として我々は（他の方のためにも）車をキレイに使わざるを得ませんなぁ。今回のクルージングは２艇のランデブー、

1台で7名全員が乗れるワンボックスカーが僕らのベストチョイスだった。

係留の全てをもう一度チェックし終えてからは最初のアクション、今夜の食の確保に動き出した。

ボートで出かけると、どこの寄港地にも楽しみにしている食材がある。

大島ではコロッケ、三崎ではイカ丼、カマ焼きにキンメのしゃぶしゃぶ、そしてこの新島では1軒のお寿司屋さんである。「島にある寿司屋」と聞くと、新鮮味が保証され、どの店で食べてもまぁまぁ美味しそうなのだが、この1軒は格段に旨いとザ・お師匠ズから聞いていた。その話を聞いて以来、早く行ってみたくてウズウズしてた店だ。そこは看板や暖簾も出ていないらしく、先輩達は地元の人に聞きながら往生して探しまくったようだ。しかし今日はベテランのTOPがいるので大丈夫。

実際に銀座あたりで社用族として「時価」という値札の高級お寿司を食べているボート仲間も「ここは旨い！」と太鼓判を押していたこの店。いろいろな評判が形容詞となり一重にも二重にも包装紙がついて、今では予約が取れるだけでありがたい気持ちになるから不思議なものだ。

「こんにちは。今日ボートで新島港に入った者ですが……7名……6時で。はい。よろしくお願いします」

首尾よく予約が取れると、余裕が出てきた。

レンタカー屋のおじさんを含めた8人はそそくさと車に乗り込み、新島港を出発。まずは左へと曲がっておじさんを店で落とすときびすを返し、夏の太陽の下で長時間いじめてきた体をきれいにするために、

「早く温泉へ、早く、早く温泉へ〜」

と叫びながら新島村営の温泉、通称「パルテノン神殿」へと向かった。

そう、パルテノン神殿なのである。そう呼ばれる事に合点がいく、石を彫った門構えが僕らを出迎える。村営のこの露天風呂は男女別の更衣室で、水着に着替えてから男女が一緒に入る温水プールのようなシステムなのだが、風呂と呼べるだけの充分な温度と湯量なのだ。

何よりも嬉しい事に入場は無料！　そしてだだっ広い！

何十人も入れる広い岩風呂の湯船だけで五つもあり、中央の岩の階段を上がっていく最も高い場所の風呂からは（ここが源泉らしく、湯温が一番高い）太平洋と地内島を一挙に見下ろす事ができる。

まさに、

▲ 僕らを迎えてくれた穏やかな新島（若郷）と大自然

▲ 新島名物、パルテノン神殿温泉。しかもタダ。

「おらぁ、天下取ったぁ〜ぞぉ〜」

と、唸りたくなる気分である。

おお、さすがTOPちゃん。予想通り一番高い場所の風呂へ向かっているなぁ。

よ〜し、俺も続け!

100%の開放感を120%にするためにあたりを見回し、オナゴの姿がない事を確認してからパンツを脱ぎ捨て、素っ裸で、両手を思いっきり空へと開放し、海を見下ろした(ご免)。


さて、島の恵みに体の芯までほぐしてもらうと、時刻は5時45分。

ハイ、皆さん、車に集合する時間ですよ!

太陽がすでに夕方の柔らかいオレンジ色に変わっているこの時間、僕らはパルテノン前の駐車場(もちろんここもタダ)に集まった。

さあ、いよいよ寿司を食いに移動である。車の中では今日の往路での出来事が面白おかしく語られている。

え、TOPちゃんは、またウトウトして椅子から落っこちたの! まったく、大物だなぁ。

いつも張り切りキャラで、今日はTOP艇のクルーを勤めたナギちゃんがにわかバスガイドを買って出る。

「え〜、皆様、新島ゆかいツアーズにご参加頂きまして、誠にありがとうごじゃりマッスル〜、ぴくぴく〜。見て見て、ちくび動くの！」

　こうなると治外法権地域の誕生だ。大騒ぎに合わせるかのように車が揺れる。最強にノリノリの、いい空気。


　大笑いしながら到着した寿司屋では、地元の常連さん達との間で釣り談義に花が咲いた。話を聞くと、島の住人でも漁業以外で生計を立てている人は結構多いようだ。中には船で他の島まで出かけて仕事をしている人もいると聞いてビックリした。いったい時化《しけ》の時はどうするんだろうか、と思ったがヤボったいので聞かなかった。

　僕が頼んだのは１・５人前のにぎり。

　周りの人間もほとんど同じメニューなのに、一人だけにぎりや巻物をお好みで頼んだうえに、刺身の盛り合わせやら、茶碗蒸しやら、焼き魚やら、ウーロンハイやら一人で５人分ぐらい頼んでいるのがいた。

　さて、ここで質問です。一体その人とは誰でしょうか？

（はい、正解。その通り、っていうか彼しかいない）。

そうそう、肝心のお寿司の味は、大きな甘エビはどこまでも甘く、白身魚のコリコリは深い海からの恵みを存分に与えてくれた。味蕾から飛び込んで、鼻腔に駆け抜けていく、ミネラルいっぱいの味わい。

お寿司の底力を存分に味わった僕らは、混んでいるお店ゆえに長居は無用と、話の続きをボートキャビンに持ち越す事にした（この辺は外来者のマナーだと思う）。

お会計を済ませて外に出ると、夏の夜だけが持っている夕涼みの風が、遠く島まで訪ねてきた僕らの集団をきゅっと優しく包んで、もてなしてくれた。

車に乗り込んですぐ、車が動き出す前に、誰かが言い出す。

「真っ直ぐボートに帰るのは、もったいないよね」

「島をドライブ、ドライブ！」

「……じゃあ、抜群に夜景が綺麗な展望台があるんだけど、行ってみる？」

「行きたい！」「見たい！」「行く行く！」「♪#$%&♪！（という感じのざわめき）」

行き先が決定した車は新島飛行場の脇を通過して、展望台への一本道へと向かう。

シンとした暗い夜道をウワンウワン、小さな唸りをあげて坂道を上るワンボックスワゴン。

車中ではちょっとした沈黙が続く。この静寂は、これから広がるであろう夜間劇場への期待感なのだろう。

10分間ほどのそんな時間が続いて、ワンボックスは展望台へ到着した。

閉鎖された車内から開放された我々を、ちょっと冷たく吹き上がってくる潮風が出迎える。

「おお、結構それっぽい、立派な『ザ・展望台』じゃないのさ」

眼下には右手に真っ暗な太平洋、左手には海岸線の街灯り。僕らのボートを係留している新島港もよく見える。

さっきまでのきゅっとした優しい空気は、土地の高さに合わせて急に表情を荒らげ、耳を引っぱたいていくようだ。

しかし灯りはあくまでもほのかに、優しい月あかりだけ。これは抜群のデートコースだな、カップルが自動的に肩寄せ合えるシチュエーションですよ。

ここでキスの一つもできなきゃ、もう脈なしです、って感じの展望台である。まぁ男だらけの我々７人は少なくともロマンチックな関係ではないので、純粋に見晴らしを楽しみ、帰路につく事にした。

さあ、坂道を一気に下り、途中レンタカー屋のおじさんが経営している酒屋に寄って、今夜のお酒を調達しよう！

島に来られた喜びを噛み締めながら、本日の桟橋談議は、ここからが本番だ！

第10章
水着の女の子とウハウハ富浦クルージング

[こしかけ結び]

先生！　水着の女の子がやってきます！

多くのボートマンにとってトップシーズンといえば、やはり夏。

この最高の季節に、ストレスなくボートを走らせる事ができるように、僕らはゴールデンウィークを過ぎたあたりから、特に熱心にボートの整備をして備えるのだが、実はオーナー以上に、一回でもボートを訪れ、その味を堪能したゲスト達は、この『ボートで遊ぶ夏』をえらく楽しみにしているようだ。

その証拠にこの季節には日ごろはさほど親交がない相手からも、手探り手探り、ご機嫌伺いのような電話やメールがやってくる。

「どぉ、最近は？」

「ボート乗ってる？」

「今週は、どっかに行くの？」

ま、ほとんどの場合、このパターン。どっかの増毛法のように決まって3段階である。

会話の中でいくら取り繕っても魂胆が見え隠れしてしまうのが滑稽だが、彼らが欲しているのは僕ではなく、僕の持っているボートなのだ。

この日も久しぶりの知り合いからメールがきた。彼とはお師匠様のボートで、去年海水浴に出かけている。はは～ん、と思いながら、言葉の裏の意味を考え、翻訳してみた彼の腹のうちは、大体こんな感じである。

「ウッス、ゆかいちゃん！　まだボート持っているよね。去年の海水浴が楽しかったので、どうせオレだけ行くと言ってもいい顔しないだろうから、会社の新人ＯＬ３人をオミヤゲに、水着姿で連れて行くのでオマエのボートに乗せてくれ～。あ、３人のうちの一人は本命として狙っている子だから、手ぇ出すなよ。ジタバタしないで操船に専念しろ、な。あ、オマエにはあとの２人をあてがうのでおいしいメシも準備してくれよ。メシ代は払うが、燃料代はもってくれると嬉しいな、ていうか払わないよ。ふんじゃ、頼んだね。モチ俺のＯＫなスケジュールに合わせてプランを立ててね。長い付き合いじゃないの、ヨロピクね。あ、それから女関係のヤバイ事は口走るなよ。その辺は海の男の、海より深い絆だもんね。ふんじゃ、Ｉ　ＬＯＶＥ ＹＯＵ～！」

長いな～、長いよ！

おまけに、な～に言っちゃっているんだろうか、コイツは。

しかし、調子のいい時だけ海の男になるこんなヤツの事を僕はちっとも愛していないが、どうにもNOと言えないほど気合に満ちたお願いに僕は圧倒されてしまったようだ（本当は「新人OL」「水着」という単語に反応しただけ）。

よし、遊びに出かける日をスグ決めましょう！

てな流れで決めたその日は8月第1週という、海で遊ぶにはここしかない！　という日曜日。集合は午前8時、夢の島マリーナである。

ボート版完全ご接待マニュアル

もともと人をおもてなしする事は嫌いでない性格ゆえに、お招きを決めたからには楽しんでもらいたいと思う。約束した日は日曜日なので、前日土曜日のボート遊びは横浜へのチョイ乗り程度で終え、早々にマリーナに戻ると準備のための買出しに出かけることにした。

さてここからは、「友人を夏のボートにお招きした際の『完全ご接待マニュアル』」であるよ。チェキラッチョ！

まずはメインとなる食事である。

僕のボートに積んでいる調理器具はカセット式ガスコンロ、電気ホットプレート、電子レンジ、そして湯沸しポット。ボートの上としては、必要かつ充分な器具である。

ボートの上で食べる食事は、何を食べてもとても美味しいのだが、少々手の込んだメニューを出すとゲストのビックリ度合いと尊敬の（ような）眼差しが明らかに変わる。今回これらの調理器具の中から、僕は電気ホットプレートに出動命令を出した。つまり選んだメニューは夏の定番かつ、若い人に人気がある「焼肉」である。

マリーナに帰港後、桟橋でバーベキューを楽しむのならばいろいろな人に手伝ってもらえるのだが、海に浮かんだボート上では動線も制約をうけ、手伝いはままならない。それでも現地に着いたらできるだけ迅速に食事にありつきたい、となるとここは下準備が大変重要な仕事になるのである。

それでは早速、メニュー別の準備事項を掲げてみよう。

【焼肉】

まずはジプロックを用意。肉は前の日から調理サイズに切り、タレに漬け込みジプロックに入れボートの冷蔵庫へ。当然、同様に野菜も切っておく。玉ねぎにしてもピーマンにしても結構な野菜クズが出るので、この下準備は大変有効だ。おまけに（大事な事だが）この方法は冷蔵庫から出したお肉を即、ホットプレートに並べる事ができるため、腹ペコ達にすこぶる評判がいい。ちなみに〆としてマルちゃんの焼きそばを忘れてはイケナイ。

【ご飯】

当艇の定番は混ぜご飯である。中身はふりかけ状になっている市販の混ぜご飯の具で充分。これを炊き上がったお釜の中で混ぜるだけで完成。ご飯は揺れているボートの上ではうまく炊けないので、タイマーを使って夜中のマリーナ係留中に炊き上げ、当日出港時刻には保温状態になるようにセットする。5合炊きの炊飯器で7～8人の食事をまかなう事が可能である。万が一おかずがなくなっても、混ぜご飯ならなんとかなるのも狙いの一つ。

【フルーツ】

はあ、フルーツ？　わざわざ書くほどのものかいな、とお思いの方も多いと思うが、実はこれが大変重要、かつ「うける」アイテムなのである。買ってくるのはまるまる1個のスイカ。これを比較的大きなクーラーボックスに入れる。スイカと一緒に入れるのはマリーナの売店で手に入る「板氷」。夏の炎天下でロックアイスはすぐに溶けてしまうが、板氷はなかなかの粘り腰をみせ、半日ぐらいまでなら充分にスイカの冷たさを保ってくれる。

海水浴のあとはのどが渇く。そこで満を持してよく冷えたスイカの登場である。焼肉まではゲスト達も想像の範囲内のようだが、冷えたスイカ（まして1個分だと結構ボリュームがある）は歓声を呼ぶ。一緒に笑顔も呼ぶ。特に子供達は大喜びである。しかもそのウケ度合いからするとお値段が安い。だから必須アイテムなのだ。

【飲み物】

現場での滞在時間や往復にかかる時間、当日の天候・気温などにも左右されるが、ゲストが自由に飲む事ができる飲み物をしっかり確保する仕事は、満足度を上げるために大切である。愛艇・遊海にはクーラーボックスが三つある。

①缶ビール中心のアルコール系
②５００mlペットボトル中心のソフトドリンク系
③そして前出のスイカ用

である。

スイカはできれば隠しネタにしておきたいので、このボックスはキャビンの中の人目につかぬ場所に隠しておく。よってスターンデッキには2個のクーラーボックスが並ぶというわけだ。

飲みかけのドリンクをもう一度クーラーボックスに戻したい人はフタに名前を書くルールとなっており、そのために油性マジックがソフトドリンク用クーラーボックスにぶら下げてある。

僕は普通の会社員で、遺産もなければ宝くじにも（まだ）当たっていない。だから正直に言うとこれらゲスト用の「飲み食い費用」は頭が痛い問題だ。一人一人ならともかく十人単位となると結構な金額となる。気の利いた人は遊び終わって帰る時に、

「今日はありがとうございました。これ少ないですけど食事代に……」

と言ってひと包みを置いていかれもするが、こちらからお金の話をする事はない。

そもそも商売でやっているわけではないし、ここが自分の家とするならば、お見えになったゲストには振る舞って当たり前だとも思っているからだ（このやせ我慢こそ、ボート乗りの美学なのである。チビシ〜）。

しかし実情に目をやると、大勢のお客様は痛し痒し。そこで自己防衛策としてできるだけ安く、おいしいものを調達する方法を考えるのだ。

東奔西走の末、僕ら夢マリチームがたどり着いた「御用達」は千葉・幕張にあるコストコホールセール。アメリカからやってきた会員制の大口販売（1箱単位）が中心の、大型スーパーマーケットだ。

その巨大な建物は3F以上が駐車場のため、買い物の流れは2F↓1Fとなる。

2Fは家電、医薬品、おもちゃ、スポーツ用品、家庭用雑貨、園芸用品、寝具、洋服、家具、ペット用品、大工用品、CD、文房具などなど。どれも売れ筋商品が並び、値段も安い。

そして1Fが食料品。果物、野菜、魚貝類、パン、冷凍食品、ジュース、乳製品、ビール、お酒、缶詰、ビン詰、お菓子、香辛料などなど。こちらも大きなパッケージだが安い。例えばジュースは1缶30円前後、1箱24本が700円程度で売られているのだ。どうです、ちょっといいでしょ。

僕らは幕張にあるこの巨大スーパーまで車を飛ばして食材を買い込み、各ボートでシェアするのである。よってコストコでのお気に入り商品は自動的に当艇の定番メニューとなっていく。ボート上の全員が食べてもまだ余る、1箱にズラリと並んだ20個入りの出来立てドーナツがまさか800円で仕入れられたものとは、誰も気づくまい。

ゲスト用の対策をもう一つ。

僕はゲストへの案内用にマリーナまでの地図を作っている。駐車場や最寄り駅の案内、緊急連絡先と共に、あらかじめ（さりげなく）乗船に際する注意事項を伝えたいからなのだ。

そこには以下の文言が書いてある。

ご注意：　海では夏も冬も支度。必ず1枚多めに上着を用意してください。
足元は滑りにくい、かかとのない靴（スニーカーなど）で。
不安でしたら酔い止めの薬を（朝食・睡眠をしっかりと）。
機械類には勝手に触らないでください。
落水＝大事故と隣り合わせです。緊張感をお忘れなく。
海にコンビニはありません。必要なものは持ち込んでください。
ポイ捨て厳禁！　ゴミは必ず持ち帰りましょう。

さてさて、夏ならではのお楽しみ、ボートで行く海水浴にそろそろ出発致しましょうか！

ボートから飛び込め！　富浦の海

これらの「ご注意」を読んだか読んでないかは定かではないが、本日のゲストご一行様が華やかな空気と共に、肩剥き出しの姿ですでにマリーナに集合している。その色彩と色香に刺激され、ちょびっとツバを飲み込む僕ちん。

（こりゃ間違いなく、ウキウキサマーの夏休みだ！）

時刻は夏の陽射しが本気モードに入る午前8時過ぎ。

東京湾の奥に位置する夢の島マリーナから、海水浴ができるきれいな水を求めて、今日の行き先は千葉県の富浦漁港である。距離は40マイル、想定航行時間は1時間50分である。

午前8時30分、早くも上半身水着姿に変身したおねえたま3人と、Tシャツが段々似合わなくなってきたムサ男二人、いずれも頂点まで浮かれている5人を乗せたボートが富浦に向かってやっと出港した。

舫いを解いて、フェンダーをしまい終わるか終わらないかというタイミングで、早くもスターンデッキから「かんぱ～ぁい！」という声が飛んできた。

「ちくしょ～、こちとらぁ操船だい！」

しかもこいつらは、アンコントローラブルな人種なのか!? 先が思いやられるなぁ……。

出発直後から僕の友人は事前の情報通り、分かりやすく女の子の狙いを一人に絞って、早くも鉄壁のマンツーマン・ディフェンス態勢。

となると必然的に、操船席の僕の横に二人の女の子がやって来た。

僕は当然、右にも左にもまんべんなく、溜めておいた笑顔を振り撒きっぱなし。

お～お～、いいじゃないの！ 両手に花だもんね。

聞けば御年23歳とか。おまけにお二人ともまぶしい水着姿ざんすよ、もう「10点、10点、10点！」って感じで、たまりまへんなぁ〜。

ゴキゲンの僕は東京湾のにわかガイドをしながら、一直線に富浦を目指す。しかし朝ご飯を食べていないのが堪《こた》えて、すでにお腹は泣いている。参ったなぁ、早く着きたいよ〜。

出港して10分程度の若洲横あたりで、同じマリーナの同じ桟橋メンバーであるマスターから電話が入った。

「ボートの姿が見えないけど、もう出発しちゃったの？　早いね、どこ行くの今日は」

「富浦に海水浴デス」

「海水浴いいねぇ〜、で、ゲストいるの？」

「23歳の女の子が3人、しかも水着で乗ってます」

（ここでマスターの口調が、突然変わる）

「なぬ！　水着！　すぐ追っかけさせて頂きますであります！」

「ふふふ、なんと昼メシも4人分ぐらい余計にありますデス」

「おお！　それは嬉しい！　ついでにゴチになります！」

「では、わんわん」

「のちほど、にゃんにゃん」

……およそ大人の会話とは思えないが、頭も寂しくなってきたオヤジ（陸では某ＩＴ系の社長）が間違いなく電話の向こうでこう言っていた。ボートとは、かくも恐ろしく人を解放させ、素を剥き出させ、堕落させる（？）力を持っているようだ（ダメじゃん！）。

ワイワイとはしゃぐ僕らのテンションと競うように、夏空を支配する太陽も着々と高度を上げてきた。

「夏のボート組、ただいまギラギラサマーを満喫中なのであります！」

いよいよ富浦漁港へのアプローチである。

ここまでのルートをおさらいしよう。

夢の島↓東京灯標（ボートの右舷側に見る、以下同様）↓風の塔（左舷）↓第１海堡（左舷）↓浦賀水道航路４番ブイ（右舷）↓浦賀水道航路２番ブイ（右舷）↓保田沖１・８マイル（左舷）↓保田沖から２・２マイル先の浮島正横０・８マイル地点（左舷）↓そこから１８０度保針で２・７マイル先、石小浦沖の浮標（左舷）↓そこから真っ直ぐ富浦に向かう事なく、１８０度を保針して１マイル南下した地点（左舷）↓１０５度に変針して大房岬《たいぶさ》の北端へ（右舷）↓大房岬に沿うように水源に向かって入港……

である。こんなんじゃ呪文のようで、ちょっと分かんないか……。

景色もよく、自然の入り江がある千葉・富浦は知る人ぞ知る、夏場の人気行楽ポイント（もちろんボートで行く……という前提だが）。トップシーズンは30艇近くがここに集う。富浦漁港を構成する大房岬が風除けとなり、また潮の流れもほとんどない。おまけに海底の質がよく、アンカーの利きがよいので、キャプテンは安心して穏やかな海にアンカーリングできる。水質も東京湾内とは思えないほどきれいである。

だからこそ僕らはここにボートを停泊させ、時には仲間のボートを横に抱き、船ごと合流した数十人の大パーティー会場状態をつくり出し……そしてボートから直接この海へ「ドボン！」と飛び込むわけである。

水深はおよそ5ｍ。泳げない人や泳ぎに自信のない人は浮き輪か救命胴衣のような、何かを持って海にエントリーする。いや、泳げる人もそのほうが安全だし楽しい。

綺麗な海にプカプカ浮かんでいると、この時こそが「浮世」だなぁ……とマジで感じる。

享楽の世界にプカプカと身をゆだねている、くすぐったさ……そもそも記憶こそないが人間とは母の胎内で浮くところから始まっている。だから浮いているという事は、誰もの記憶に潜在する究極の快感なのであろう（きっと）。

灼熱の太陽の下で2時間近く海を走ってきたわけだから、僕の体は結構渇いてしまっている。よって一刻も早く海に飛び込みたいのだが、ここは我慢、我慢……海水浴で体の火照りを冷やすゲスト達を羨ましげに横目で見つつ、キャプテン兼炊事当番でもある僕は、早速ランチの支度に取りかかった。

まずはスターンデッキにピクニック用の折り畳み式テーブルを出す。限られたスペースのボート上では、ピクニック用品はよくできたパッケージなのだが、一つだけ合点がいかないことがある。アウトドア用品のくせに、すぐに金具部分が錆びてしまうのだ。少々高価になっても金具部分がステンレス製のテーブルはないものかといつも思うのだ（なんせ、ひとシーズンもたないのだから参ったものだ）。

キャビンのコンセントから延長コードを伸ばし、テーブル上にセットしたホットプレートとのコンセント口をビニールテープで覆う。これは水辺で電気を使う際の大切な漏電対策。次に冷蔵庫から昨晩下ごしらえ済みの肉と野菜を取り出す。あとは紙皿、お箸とタレを準備すれば、もうメシにありつけるわけだ！

これで準備万端、作戦は見事に成功しそうだぞ。

こうして一人で淡々と準備をしていると、

「あ、私手伝います！」

と、美しき声。

見上げるとゲストのうちの一人、シンプルな赤い水着を着た女の子が、すでにテキパキと体を動かしていた。性格のいい子って、輝きがさらに倍増して本当にカワイイもんだなぁ、と思いながら、楽しく準備を進められた僕は超ゴキゲンだった。


富浦に来ると必ず知り合いのボートに会うが、今日も浦賀のヴェラシスマリーナに泊めている2艇とここで会った。そしてほどなく到着した同じマリーナのマスター艇も加わり4艇が横抱き状態になる。風も吹いていないのでそれほど神経を遣う必要もないが、走錨《そうびょう》※を懸念して、あとから来た35ft艇にもアンカーを入れてもらう。

4艇も揃うとそれぞれのゲストが交流し合い、船上はちょっとしたお祭り状態である。夏の陽射しによりさらに温度が上がっている若い男の子達は、何かと理屈をつけて、我がボートの女の子達にちょっかいを出してくる。しかしその姿を見ても、

「妙に可愛いな〜こいつら」

と思うなんて、僕も立派なオヤジになっちゃった証拠なのかなぁ。昔だったらエサを取られた猫ぐらい分かりやすく威嚇したかもしれないよなぁ……。

※走錨［アンカーがずり動き、ボートが動いてしまう事。］

いやいや、これではイカン！　と思った僕は、突然動く。

この子だけは守らねば！　と、飢えたオオカミ達の標的になりつつある、性格のいい赤い水着の女の子の手をガバッと掴んで、二人揃って富浦の海に飛び込んだのだ！

「うひゃ～。これマジ気持ちいいぞぉ～！　悪いね～若者たちよ、ザ・マ・ア・ミ・ロ！」

第11章

嵐の夜はハリケーンパーティー

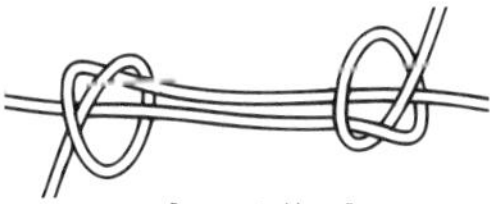

[てぐす結び]

⊗ッ ちょいとマリーナ行ってくる！

……最近、日本列島に上陸する台風の数が、増えているような気がする。いや、気のせいではなく事実、あきらかに増えているのだ！

今年も関東地方に7月末、8月末と2回も台風がやって来た。今年も、と書いたのはその前の年も同じだから。このところ列島全体では年間に五つも六つも台風が上陸している。海水温度が高く、台風の勢いが衰えないのがその理由らしいが、これでは僕らボート乗りはたまらない。

何がたまらないかは言うまでもないだろうが、台風が来るとまずは当然ながら海に出て遊べないからだ。夏〜秋の素敵なボートシーズンの中で、これは精神的に参る。

おまけに嵐が去ったあとの海は、ゴミがひどい。

材木、電柱、冷蔵庫。ビニール、ロープ、ポリ袋。

プロペラや船体にぶつかるものから、冷却水を取り込むインペラ※が吸い込むものまで、ボートの大敵がうようよ海面にひしめき合う。このゴミの大群、キレイになるまで3、4日はかかるので、たとえ翌日が台風一過で好天になっても海に出られないのである。

※インペラ［エンジン冷却水など、エンジンなどの水の経路上に組み込まれ海水を汲み上げるために回転しているタービン状のゴム。］

さらに、おとなしく海に出ないで通過を待っているボートに対しても（これはヨットも同じであるが）台風は大きな被害をもたらす。

陸揚げ、係留問わず、オーニング※は破れ、カバーは舞い、桟橋や船台に置いた荷物は吹き飛び、ひどいものでは陸揚げの船台ごと動いたり、倒れたり。また係留艇でもロープがちぎれたり、クリートが飛んだりした挙句、ボートがマリーナ内を漂流する事もある。かつて台風で座礁した海王丸ではないが、風をモロに受ける大型ボートは思わずヒーブツー※をしたくなるほどの風がマリーナにも吹き、桟橋を歩いていると転げ落ちそうになるのである。

となればボートを愛する僕らは、台風の動向が気が気ではない。

上陸当日は、仕事を終えるや否や食料を買い込みマリーナへ一直線、雨風にさらされる可愛いわが子に泊り込む事になるのだ。冒頭にも書いたようにこの桟橋の面々はボート依存度が高いため、かなりの出席率でボートに灯りがともる。これが通称「ハリケーンパーティー」だ。

中には荒天を理由にして、

「心配だから、ボートの様子を見てくる」

と海の男を装って家を抜け出し、別の場所（あえて「どこ」とは書かない）で錨泊してしまう強者もいるようだが、この桟橋は比較的真面目な人揃いである。とここでは記しておこう。

※オーニング［日よけ・雨覆。］
※ヒーブツー［荒天時に機関を微速＋αの前進に入れ船首を風に立てる、帆船などで用いられる操船術。］

ハリケーンパーティーに出向く時の正装はゴム長、レインコート、懐中電灯。

え、雨なのに傘がないですって?

ここでは井上陽水との関係は一切ないが、この正装リストに傘はない。そう、体が飛ばされるほどの強風で、傘はあわれ5秒で骨だけの姿になるからだ。

さあ、駐車場に着いたらまずは車の中で着替え、呼吸を整えてから外に出よう。おっと、外に出る前にもう一度、iモードで天気予報、風向、風速、そして忘れずに満潮時間のチェック。強烈な低気圧である台風は海水面を吸い上げ、水位が高くなる。きちんとしたマリーナならまず心配ないが、浮き桟橋が高潮と荒れる水面によって支柱から外れてしまう可能性もゼロではないのだ。

係留場所に着いたら、まずは係留ロープのスレ、ゆるみの確認。そして増し舫い。船体にロープを括り付ける金具であるクリートにかかる力が分散するように留意しながら、増し舫いのテンションを決めていく。次に増しフェンダー。桟橋側に追加するだけでなく、不意の漂流物に備えて、外側の低い位置にもフェンダーを出そう。クリートのガタつきを確認したら、オーニング類の留め金やファスナーをすべてしっかり閉めて、やっと荒天準備が完了である。

自艇の準備ができたら、周囲のお馴染みボートも見て回る。どうせの濡れついで、怪しげなロープを発見次第、1本加えるぐらいはする。

そのあとに先着艇の灯りを見つけて、そのボートに滑り込むのである。

「ちょぇ〜す！　すっごい風だね〜！　上陸は1時ごろらしいよ」

こんな夜に会うのは同じ境遇のオバカさん同士なので、いつも以上の笑顔で歓迎される。

「まぁまぁ、ご苦労さん。ほれ、一杯やるべよ」

こうなると満潮時間も上陸時間も全て吹っ飛んで、飲みに入ってしまう。

時間が経つにつれ、そんな仲間が一人、二人と増え、来られない仲間からは「愛艇を頼みますコール」が入ってくる。

「はい、こちら夢マリ警備隊です。何？　おたくのボート？　大丈夫だよ、ちゃんと見てるよ、ドンブラコと流れて行くところを！　ガハハハ♪」


海では誰もが同じキャプテンで、上下関係なんてクソくらえ。ここでは社長も医者も関係なく、そして決め事なども何もない。そもそもルールなんぞはつくらないと収まらない集団にだけつくればいいわけで、よってここにルールはないのである。これぞ同好の集いである「クラブライフ」の原点なのだろう。

という事で僕らは、「どうか被害が、最小限で済みますように……」と願いながら今夜もルール無用の、台風よりも恐ろしい夜を楽しむ（?:）のであった。

これだけはボートに積んでおけ！

台風の時に限らず、酒を飲もうが飲むまいが、決して広いとは言えないボートの中に男が何人も集まって、一体なんの話をしているのか?

書けない話が多いのも事実だが（爆）、ボートに関する話題が多いのもこれまた事実。

嵐が吹き荒れる今夜、テーマとなったお話は結構真面目で、「ボートには何を積んでおけばいいか?」」であった。

はい、そこの手を挙げているオヒゲの人！

「……オレは酒さえ積んであれば、それでいいのよ～」

ハイ、それも正解。ただし、ただし！　である。

洋上ではほんの小さなトラブルが命の危険につながる可能性もあるので、

「しまった、○○持っていなかった……」

では済まされない事もあるのだ。

そこでボートキャプテンのバイブルを真剣に目指すこの書では（ホンマかいな）、大真面目に、多くのキャプテンから教えてもらった、
（忘れがちな）「積んでおかなくてはならないもの」と
（忘れがちな）「積んでおくと便利なもの」
を記しておこうと思う。

とは言うものの、ボートの上は限られたスペースである。便利さを求めるあまり、なんでもかんでも積んでおけばいいというわけではない。ボートは水の上に浮いているため、当たり前だがその浮力は決まっているし、荷物の積みすぎは航行性能や燃費などに大きな影響を及ぼすのだ。

よって、できるだけ吟味した品を積むのが素敵なボートマンなのである。また、ここでは法律で決められているものや、当たり前の工具を書くようなヤボはしない。「忘れがちなもの」に限定して書いてみたので「なんでバケツって書いてないの！」とは突っ込まずに、どうか想像力を持って読み解いてほしい（注意：想定はエンジンが船内にあるインボード艇なので船外機艇などでは不要なものもある）。

☆積んでおかなくてはならないもの☆
〈ツール〉
ウエス（船体の穴をふさぐ）、半袖ツナギ（夏場のエンジンルーム内でのヤケド防止）、簡易酸素ボンベ・ギザギリ刃ナイフ・水中メガネ、ウェットスーツの4点セット（プロペラにからまったロープなどをこの4点セットで潜って切る）、防水ライト×2、予備電池、飲料水（最悪エンジンの冷却水にもなる）、ガムテープ（補修）、リペアテープ（これも補修）、予備ヒューズ、携帯電話充電器、曳航用ロープ2本（できれば曳航用に作ったもの）、シーアンカー
〈救急箱〉
止血用包帯、消毒液、トゲ抜き、酔い止め薬、鎮痛解熱薬、胃腸薬、予備コンタクトレンズ、メガネ用ドライバー、目薬（風によるドライアイ防止）、日焼け止め、アンモニア系虫さされ薬（クラゲ用）

☆積んでおくと便利なもの☆
〈夏〉
海水パンツ、クーラーボックス、電池式蚊取り、かゆみ止め、虫除けスプレー

〈冬〉
リップクリーム、加湿器、ドライスーツ、ひざかけ、保湿クリーム、電気毛布
〈通年〉
油性マジック、タモ網、カセットガスコンロ、包丁、まな板、ピクニックテーブル、双眼鏡、工事現場用強化ランプ、歯磨きセット、キシリトールガム、ゴム手袋、小型掃除機、人口呼吸用マウスピース、冷却シート

しかしこれだけ積めば結構な量である。自分のボートの大きさと航行域や航行距離などを考えながら、自分なりに吟味して、買い物に出かけよう！

ボートの大は、小を兼ねるか？

これからボートを買おうかな……と思っている方にとっては参考になりそうな、この日の夜にでた話題をもう一つ。

大きなボート、小さなボート。ここに二つのボートがある。
40 ftを超える大きなボートと、20 ft未満の小さなボート。

さて、「大きなボートと小さなボート、どちらのボートが欲しいですか？」

これは金の斧のような童話の世界のお話ではない。ボート世界では「大は小を兼ねない」し「小は大を兼ねない」ので、用途により答えがまるで違うのである。

その答えはあなたが描いているボートライフによって決まる。

では、双方のメリット、デメリットを書き出してみよう。是非オーナーになる事をイメージして、読んでください。

【40ftクラス】

☆メリット

居住性、設備（シャワー、エアコンなど）がいい、大勢で楽しめる、4～5人は泊まれる、海が少々荒れても安心で疲れない、性能上遠くまで行ける、グッズを積み込める

☆デメリット

購入価格が高い、係留料が高い、保険料が高い、整備費が高い、莫大な燃料代がかかる、一人では出港・着岸できないので気軽に出せない、掃除やメンテが大変、大きな川でもくぐれない橋がある、喫水が心配、慣れるまで操作が大変

【20ftクラス】

☆メリット

比較的価格が安い、係留料が安い、保険料が安い、整備費が安い、燃費がいい、一人で出港・着岸できるので気軽に出られる、掃除やメンテが簡単、橋げたや川幅を気にせず走れる、比較的早く思い通りに動かせるようになる

☆デメリット

居住性がない、設備もほとんどない、2~3人で乗るのが限界、海が荒れると危険、近場までしか行けない、モノが置けない。

どうだろう？　あなたのイメージされているマリーナライフにはどちらのボートが近いのだろうか？

ここでは大、小と両極端に話を振ってみたが、実際は、係留料金や取り回しの関係で30ft程度に落ち着いていることが多い。よく言えば大と小それぞれを部分的に兼備しているし、悪く言えばどっち付かずとも言えなくはない（何を隠そう、僕もその中の一人ではあるが！）。

7年間で4艇も乗り替えてしまった僕自身が、試行錯誤の末行き着いた僕なりの「ボート選びの条件」を並べると

①第一に、「ゆとりを持って払える」維持費である事
②最低二人がゆっくり泊まれる事
③トイレがある事
④エアコン、テレビ、発電機などの快適装備がある事
⑤一人で出港・着岸ができる事
⑥安心して島に行ける性能がある事

である。これはあくまで「僕の場合」であるのを断ったうえで、一つずつその理由を説明しよう。

まず①の維持費だが、一番の負担は「係留料金」である。
東京だけの問題ではなく、ボートを持とうとしたら置き場所を探さなくてはならない。ちょっと目の前の川縁なんぞに括り付けるわけにはいかない。ほとんど100％と言ってもいいほど、特に都会の水面には権利がある。不法係留は何よりも危険かつ迷惑なので絶対してはならない。強引に停めたとしても、心ない人にイタズラされ、巨大なＦＲＰゴミになるのは時間の問題だ。考えてみるとその昔、ボートが貴重な交通手段だった時代から、発着できる場所は大きな権利だった。よって今ごろから僕らが探しても、フリースペースなどあるわけないと考え

るほうが賢明だろう。

ちなみに僕が係留している夢の島マリーナは、都心でも一、二を争う設備の整ったマリーナなので、係留料はメチャクチャ高い！

あくまで参考として（金額はすべて２００６年６月現在。現状は直接お問い合わせを）その料金を記すと、……20ft未満なら年間３９万９０００円、40ftだと年間１２４万５４００円である。

この金額だけ見るとビックリするほど高いが、ここには電気代と水道代が含まれているし、駐車場も年間７００円でパスカードをくれるので実質タダ同然。

ゆえに思い切って居住性のいい40ftクラスの大型ボートを買い、走りはともかく月額10万円強×12ヶ月の家賃で電気・水道・駐車場代といったランニングコストがゼロの「隠れ家」をつくるという発想に行き着く人も、実は結構いる。

僕の周りには、

「別荘を買うなんて信じられない、ボートは動く別荘ですから！」

と言い放ったキャプテンがかなり多いのだ！　という事実だけをお知らせしておこう。

一方、20ft未満の小船なら月３万３０００円。少しゆとりのある（例えば外車やブランド品を買う層ならば）人なら決して出せない額ではないだろう。小船で都会の川をめぐり、夏は夕涼み、泊まる時や食事はマリーナで知り合った他の大型ボートや民宿に頼り、仕事帰りには一人シーバス釣りに興じる。オーナーならば好きな時に海に出られるのである。その生活の対価が月３万３０００円。外で飲んでいたお酒をやめ、買出しをしてマリーナで飲めば、差額でこの費用は捻出できるだろう。あとは対費用効果を大と見るか、小と見るかだけである。

②、③の居住性とトイレは24ftサイズのボートになれば可能である。ちなみにこの24ftサイズだと夢の島マリーナの場合、係留料は年間７２万６５００円（月だと約６万円）かかる。ここまで頑張れば寝床も自分で確保できる。女の子を連れ込んでとても楽しいヒトトキを過ごす事もできなくはないのである。さっきの理論を使うと外食代にホテル代を足して６万円になる人ならば、寝泊りのボートライフに手が届くのである。

④の快適装備はテレビやファンヒーター、ビデオ、パソコンなどなら陸電システム（10万円程度）をボートに取り付ける事で使う事ができる。ボートサイズは24ftでも充分。しかしエアコンや発電機となると、設置スペースの問題からある程度の大きさが必要となってくる。一般的には28ft以上の大きさでないと、発電機を付けるスペースがないだろう。しかし発電機があれば、陸電がない島や出先でも１００Ｖがつくれるので、エアコンを始めとする電化製品が使い放題となる（最近はガソリン式のポータブル発電機でよい商品が出てきたので、機械によっ

てはもう少し小型のボートでもエアコンが楽しめるかもしれない)。

気になる係留料だが27~32ftは一律同額で、年額93万4000円、月にならすと約7万7800円である。この金額を払えれば、休日は島陰にボートを停めて、発電機を回し、クーラーを利かせながら冷たいビールにありつける。さて、ここまで話が進むと、

「なんだ、やっぱりボートは大きければ大きいだけいいじゃないか! 金さえあれば、という前提だけれど……」

となりがちだが、実はそうではない要素がある。
⑤の一人での入出港、離着岸はサイズが小さければ小さいほど楽だ。大きなボートは上部の構造物(キャビンやエンクロージャー)が風を受ける帆の役目をしてしまい、桟橋からの離し風の時に一人で着岸するのはかなり難しい。自分は桟橋に降り立ったものの、あわれボートだけ「どんぶらこ」とマリーナを彷徨う事になる。ざっくりとした経験上の話だが、32ftのボートは強風でも引っ張れたが、35ftはアウト、引っ張ってもまったく動かず近くの助けを呼んだ。
よってこの⑤の条件をクリアするのは、

「腕が上がって32ftまで、慣れないうちは28ftまで」

と考えておけば間違いない。特に不安いっぱいの初心者時代は、

「なんで着岸って、こんなに難しいんだろう」

と、途方にくれる事があるので、要注意である。

余談だが免許を取っていきなり36ftのボートを買い、着岸に往生した挙句、マリーナの中を2時間もうろちょろしていた人がいたという笑えない実話がある。

そして最後の⑥であるが、島への行き帰りである。たとえ東京湾からすぐの大島に行くのでも外洋のパワーは違う。水線長（喫水）の長さはあくまで一つのバロメーター。理想を言えばボートは「長く、幅広く、エンジン力強く」なのだが、昔はSTR25などで平気で大島に渡っていた。しかし昔の重く、船底のV型がきついボートと今のコンピュータ設計の軽いボートを大きさという観点だけから直接比較してはイケナイ。これも経験上からだが、28ftスポーツフィッシャーマンボートであれば問題ないだろう。

以上のような自分なりの条件から、僕は自分のボートサイズを選択し、ボートライフをエンジョイしているのだが、ボートに求めるライフスタイルが僕とは異なり、下記の条件の中で楽しみたい人には、実は小船がオススメなのである。

「メンテが簡単、維持費はできるだけ安く、東京湾内での釣りが好き、トローリングはやらん！　近場でチョイ乗りを楽しみたい、天気が悪ければ海に出ない、川に行きたい、とにかく一人が好き、ボートでは泊まらない、冬は出港が少ない……」

どれぐらい当てはまりましたか？

「お～お～、これでいいのよ！」と思ったあなた！

車を買い替えるのを我慢して、その分でボートを買いましょう！

このサイズなら200万円（といっても大金だが）も払うとかなり立派ないいボートが買えます。あとは月々の係留料＋燃料代を入れても5万円程度で、毎週末、海の男になれるのです。

第12章

卒業試験は魅惑のロングクルージング

［ねじり結び］

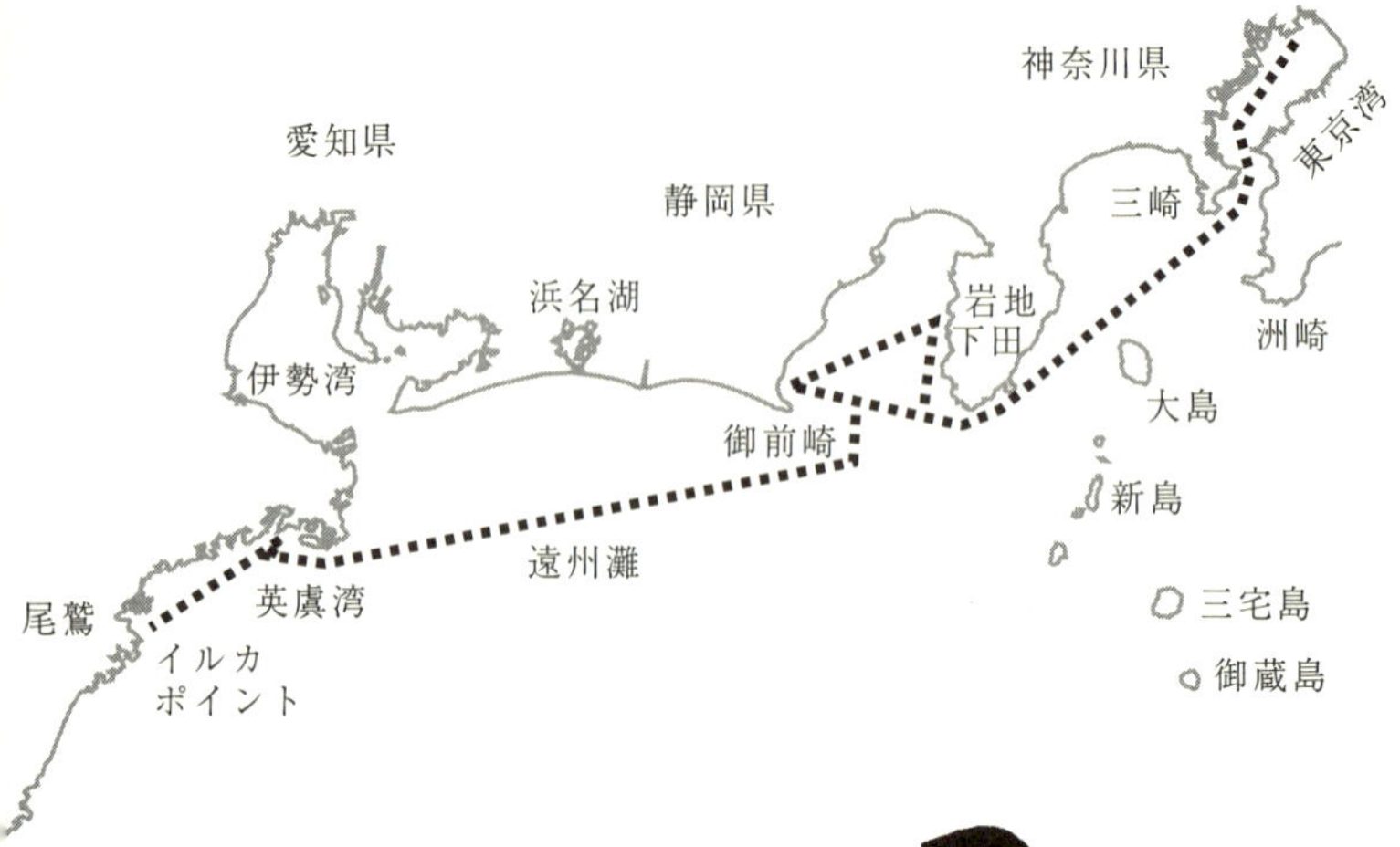
神奈川県
東京湾
愛知県
静岡県
三崎
浜名湖
岩地
下田
洲崎
伊勢湾
大島
御前崎
新島
遠州灘
尾鷲
英虞湾
三宅島
イルカ
ポイント
御蔵島

目指すは瀬戸内・淡路島！

遠くへ行きたい。少しでも遠くへ、自分のボートで行ってみたい。

ほとんどのボートオーナーは、潜在的にこの欲求を持っているようだ。

ボートとは人間単体ではできない事を叶えてくれる魔法の乗り物だと思う。長い時間ボートに乗っていると、乗っている時間の分だけ強烈な魔法を味わう事ができる。

初めはマリーナから出る事すらためらっていたビビリー新米キャプテンの僕も、時が経つにつれ、横浜、三崎、保田、富浦、新島と足を伸ばし、回数を重ね、スキルを増やしてきた。

そして今がちょうど魔法に慣れて、体が麻痺してきた頃合なのだ。

たとえは悪いがボートとは麻薬のようなものかもしれない。もっと強い効き目の、もっと痺れる快感を求めて、当時の僕にはかなり激しいロングクルージング欲が押し寄せていた。

「よし、ロングクルージングに行こう！」

行くとなれば当然、パートナーとして声を掛けるのは20年のベテラン、おなじみTOPちゃんである。この提案に彼もまったく異論はなし。また噂を聞きつけ、同じマリーナの若い二人のキャプテンMAKANIちゃんとナギちゃんも同行を希望してきた。

ＭＡＫＡＮＩちゃんは沈着冷静なＩＴ系スーパーサラリーマン。ナギちゃんは新島でも活躍した軽めのノリがウリの自分で起業したおもちゃ製造会社の社長。共に30代の現役ど真ん中。そんな忙しい人達の時間をやりくりさせるほど、ロングクルージングが持つ魅力は絶大なのだ。

当時、僕のボート経験は6年生。小学校でいえばちょうど卒業だ。

よし、ならばこの航海をもってエレメンタリースクールの卒業試験にしよう、と僕は考えた。

じゃあ、その試験問題となる行き先はどこにしようか。

ボートで行く旅では、訪ねるところ全てが風光明媚なのだが、どうせなら飛び切りの場所がいい。それもできるだけ遠く。

色々な条件を4人で検討した結果、目的地が瀬戸内海の淡路島になった。

東京都江東区夢の島から３９０マイル、関東から遥か関西まで。

そこはおよそ７２０㎞も先にある、ボートマン憧れのパラダイスである。

作戦会議！ 航海計画

他の交通機関で行けるのにもかかわらず、そこまでボートで行こうなんて考えるヤツは、相当の変わり者だと思う。新幹線や車より乗り心地も悪いし、遅いし、疲れるし、費用はかかるし、何よりも危険だし……普通の人から見れば、完全な愚行である。

しかし、僕らは自分のボートで瀬戸内海に絶対、絶対、行くのだ。

海を恐れず、しかし海を侮らず。

行くと決めたら、入念に準備をしなければならない。


28ftの1機掛けからスタートした僕の愛艇も、32ftのスターンドライブSC－32を経て、今では35ftシャフト2機掛けのPC－35に変わっていた。

遊海3はアワーメーターが1300時間を超えた、まあ、年代相応に稼動しているボート。このPC－35は年式こそ少々古いものの、全国の水上警察で採用され、今でも活躍しているほどの性能を有する銘艇であり、ロングクルージングの相棒としては申し分なし。

その年の1月にSC－32から買い替えて、半年間コツコツと手を入れ、やっと最近になってボートの隅々まで目が届いた状態になってきた。特にロングクルージング前の点検では、真剣味が変わる。業者さんの力を借りながら、ベルトやオイルの交換はもちろんの事、フィルター類やターボなども入念に点検をした。

続いて、必ず作らなきゃならないのが航海計画。

何時に出発し、どこで給油して、何時に到着するか。万が一の時、どこに避難するか。

このタイミングで噂を聞きつけた、ボート歴20年、かつイジリーとしては頂点に立つスーパーイジリーのSammy兄さんがこの計画に加わって、いろいろなアドバイスをしてくれる事になった。海とボートに詳しい先輩の助言のお陰で航海計画の精度が増してきた。

何しろこのロングクルージングは僕の小学校卒業試験。失敗は許されないのだ。

話し合いの末、初日は三重県・英虞湾《あご》、以下2日目に瀬戸内海・淡路島、帰路となる3日目に英虞湾に泊まり、そして4日目に東京に戻る3泊4日の行程が決まった。またSammy兄さんが、

「串本《くしもと》から先を回るのなら同じ会のボート仲間に、(この辺がインターネットを媒介として付き合っているよさでもある)船頭を頼んだほうがいいよ」

と言うので、これも関西の仲間バグースさんにお願いする事にした。

僕のボートは1時間あたりの消費燃料が90リットル。タンクは片側500リットル×2の1000リットル。しかし額面どおり1000リットル使えると思っていると大変な事になる。というのは、ディーゼルエンジンでは燃料ラインに空気が入るとエンジンがストップするからなのだ。だから揺れるのが当たり前の海の上で、タンクいっぱいいっぱいの燃料は使えない。

確実に3割は残しだ。

僕らは平均時速を18ノットで計算した上で、さらにセーフティーマージンを多めにとり、最初の給油ポイントを伊豆半島・下田から駿河湾を越えた先、東京から125マイルの静岡県・御前埼に定めた。巡航速度21ノットのボートだが、荒れれば速度半分も覚悟しなければならないのが海。計算上は御前埼まですべてが順調で6時間、計画書上で7時間のファーストランである。


あと心配なのは天気だ。

ボートでの旅の快適度は「体の調子」、「機関の調子」、「天気」の3要素でほぼ決まると言っていいだろう。となれば出航の1週間前ぐらいから、毎日、毎日、天気図とにらめっこ。テレビを見ても、お天気お姉さんのキレイなお顔には珍しく目もくれず、天気図だけに注目。仕事の合間にもパソコンを使って天気をコソコソとチェック。

そして全ての手を尽くした最後は、日ごろの信仰に関係なく、こんな時に誰もがする事を、僕もしっかり行った。

「ああ、神様。僕たち4人のボートに太陽の恵みと幸運を！」

卒業試験は4時半出港

出港前日：いよいよ明日の早朝が出発の時だ。

僕は今夜マリーナに入るので、今日は職場に着替えから何から全部持ってきた。

今日一日は朝からそわそわ、ドキドキしてまったく仕事にならなかったなぁ。

「お～、もうこんな時間だ。よし帰ろう。ほな、さいなら！」

しかも今日は木曜日。上司の目を避けるようにそそくさと職場を出て、まずは24時間スーパーに食料の買出しに出かける。

僕は明日から人より早い、職場ではこの夏第1号の夏休みを取ってしまった。

30代のころは仕事を休む事に抵抗があったが、なんといっても今回は大冒険、気分はひょっこりひょうたん島の主人公気分。自分勝手なルールの中では「大儀」なので、夏休みを取る事になんのためらいもなかった。もちろん心の中はウキウキで、

「皆さんは明日お仕事ですよね？　僕？　僕は、明日から海の上なんで～す！　うひひ」

と買い物しながらも弾み、通りすがりの人ですら掴まえて、明日からの冒険を話したい気分なのである。こんな時はスーパーでの買い物も楽しく気分もデカクなる。よって、カゴの中も

勢いよく満ちてくるようだ。それをちょいと覗いてみると……、ミネラルウォーター、機能性飲料、おむすび、菓子パン、ビール、ラーメン、バナナ、みかん、魚肉ソーセージ（腹もちもよく、操船中も片手で食べられる）、ポテトチップ、ビタミン剤、タバコ、ガスコンロ用ボンベ……などなど。気がつくとひと抱えするほどの荷物となっていた。

無事に買出しを終え、車に乗り込んで、大きな荷物と一緒に、僕は夜のマリーナに到着した。夏休み間近とはいえ平日の深夜なのでマリーナも閑散としている。そんな人気のない駐車場でゆっくりと荷物を降ろしていると、突然携帯が鳴った。着信を見るとトン吉師匠だ。

「はい、こんばんは。どうしたんですか、こんな時間に？」

「明日から遠くへ行くんだって？」

――ほえぇ、よく知ってますね。こういうのを地獄耳って言うんだっけ。

「低気圧が悪さしなけりゃいいね」

わずか2分ほどの短い電話だったが、それはお師匠様からの激励が山ほど詰まった電話だった。電話を切ると、う〜ん、今、安全のおまじないをかけてもらったのかなぁ……すりガラスのように不透明だった「旅への不安感」が突然クリアになっていた。

電話をポケットに仕舞った僕は、荷物を抱え、星を仰ぎながら桟橋へと向かう。

夏の夜の甘ったるい風が身体を包む中、

「いよいよ明日から、ロングクルージングだなぁ〜」

と思うと、遠足前日の子供のようにさらに興奮してきた。

「さぁ、どんとこ〜い！　準備は万端だぜ！」


第1日：7月18日、午前3時30分。

TOP、MAKANI、ナギ、そして僕の4人が夢の島マリーナに集合した。MAKANI、ナギの両名は僕らより少しキャリアが少なく、また年齢も若いキャプテン。よってこのグループの隊長は自動的にTOPちゃんとなる。

「隊長！　よろしくお願いします！」

この4人、合わせても148歳、37歳平均というボート乗りとしてはかなり若い集団だ。

空を見れば心配していた天気の不安もなし、どんどんと明るくなってきた。これって、なんだか文字通りの前途洋々って感じ。イケテルよね〜！


午前4時35分。朝の軽い空気の中では機関の調子もよく、巡航速度21ノットで僕ら4人を乗せた遊海3は快適なスタートを切った。

日の出と共に徐々に明るくなってくる夏の空。見慣れた風景で緩みがちになる気分を払拭するように昇ってきた朝日と、それによって煌く剱埼灯台の姿を見て、ようやく旅の気分が充満してきた。

さあ、太陽高度に負けないように気分を盛り上げていこうぜ！

航海計画では2時間10分を見ていた城ヶ島沖通過時間が、平穏快適な海のお陰で20分のアドバンテージを頂き、1時間50分で通過、「ご機嫌な気持ちがさらに倍！」となってボートは相模湾へと進んでいる。

「ところで、さっきからTOP隊長の姿が見えないな……」

「隊長なら、下で寝てますよ」とMAKANIちゃん。

「なぬ！　寝ているだと！　まったくなぁ……」

昨晩仕事が終わらず、今朝徹夜状態で駆けつけたと言っていたから、きっとフラフラでグウスカ寝ているのだろう。仕方ない、しばらく寝かせておいてやろうか。

残されたフライブリッジには僕とMAKANIちゃんとナギちゃん。ロングクルージング初心者の我々は、軽い興奮状態が続き、キョロキョロと海の様子を探っている。

出港から2時間ちょっと経った相模湾に出たところで僕が、

「You have！」

と叫んで、操船をナギちゃんに代わってもらった。

操船の緊張から開放された僕は、バウデッキへと進み、思わず広い海に向かって指を出し、雄たけびを一発！

「行くぞ〜！　紀伊半島ぉ〜！　待ってろ〜‼（もちろん逃げるわけはないが）」

空は薄曇、風穏やかで、波高1ｍ。

海鳥が僕らのボートに挨拶をするようにやって来て、クルリとひと回りしたあと、

「御前埼はこっちだよ」

と言わんばかりに、グーッと舳先を伸ばした方向に飛び去って行った。

時計を見ると、時刻は7時30分になっていた。

これぞグッドコンディションと呼べる相模湾を最初の給油ポイント、御前埼目指してひた走る。

大島正西の相模湾は軽い追い潮だけで、すこぶる順調。

今回のクルーは全てマイボートを持つキャプテンなので、操船は完全交代制と決めた。遠く

に行くならこれがいい。航海・保針など舵を預けてもまったく問題がない仲間同士でのロングクルージングなら極めて楽が多いような気がする。

そして、この辺の海域は携帯の電波状態が良好のようで、様子伺いのメールが次々と入ってくる。1通着信するたびに他の海仲間とも一緒に走っているような気分となり、頬が緩む。

「どお？」「順調？」「海は？」「波は？　風は？」……。

おお、楽しさがさらに倍じゃない！　みんな朝早くからアリガトね。

僕ちん、夏休み初日の海を、全身で満喫しておりま～す。


大島正西から3時間かけて駿河湾を駆け抜け、時刻は10時40分。

穏やかな海のお陰で、なんともう御前埼に着いてしまった。125マイル÷6時間5分は……お、平均時速20・55ノット。上出来、上出来。

航海計画では18ノット弱で計算していたので、およそ1時間も早く着いた事になる。

「へぇ～、これが御前崎漁港か～」

舳先で着岸準備を始めたナギちゃんが叫んだ。

「でけぇ～、この港、でかいっすよ、ゆかいさん」

「いや、本当だな。よっしゃ左舷で着岸じゃ～、MAKANIちゃん、隊長起こせ～」

僕らは大きく張り出す堤防をグルリと左舷にかわし、海上保安庁の巡視艇が停めてある港内の最奥部に入港する。堤防には大きく「港内2ノット厳守」の文字が。

しかしお忙しいであろう地元漁船の皆様は、推定10ノットでビュンビュン移動しているではないか！　フライブリッジからふと振り返ってスターンデッキを見ると、いつの間にやら起きたばかりのTOP隊長が、揺れる水面によってボートが岸壁に叩きつけられる事を懸念し、大慌てで増しフェンダーを出す作業をしていた。

う～ん、やる時はやる男だ。めったにやる気にならないのが難点だが。

無事に着岸を終えた僕らは、ここで出発前から予約しておいた地元スタンドのタンクローリーを待つ事になった。

「やっぱり空気が都会じゃないよ。濃いよな。あきらかに濃いよな」

「空がきれいだなぁ。山の緑が濃いなぁ」

今日のメンバー全員が知っている、航海計画を立ててくれたSammy兄さんが昔に即興した「御前埼の歌」なるものがあるのを思い出し、みんなでちょいと口ずさんでみた。

♪ここは～御前埼～下田まで40マイル～……。

うわ、よく考えなくても、直球だ。

「なんもひねってないじゃん、この歌詞！」

大爆笑が起きる。

「腹減ったぁ、なんか食うものねぇかぁ～……」

おお隊長、目覚めたと思ったら今度はメシですか！

しかし、船に乗っていると本当にお腹がすく。潮風のなせる業か、それともマイナスイオンの効果か？　海は人間の本能をことごとく呼び戻し、野性化させてくれると思う。

日ごろ少食の僕も、出港からここまでの6時間で、おむすび2個、極太ソーセージ2本、ロングピーナツサンド1個、バナナ2本、みかん1個をペロリと食べていた。それなのに、まだ空腹感がある。こりゃ帰ったらダイエットだな……と思いながらも次の菓子パンに手を伸ばしていた。

ほどなく到着したタンクローリーの給油作業はテキパキと終わり、僕も、我が愛艇も、お腹いっぱいになった。夢マリ出港後、最初の給油は554リットル。1時間あたり使った燃料は、計算通り91リットルだった。

御前埼、大王埼、そして英虞湾

この御前埼を出港すると、あとは遠州灘を横切り一直線、英虞湾入り口の大王埼を目指す。距離にしておよそ90マイル。ここまで既に125マイルの道のりをこなしているため、90マイルと聞いても不思議とストレスを感じず、

「ふ〜ん、そんなもんかぁ〜」

という思い。まぁ4人で海の話でもしてれば、そのうち着いちゃうぞ、という感じである。

頭の中では、

「90割る20（ノット）は4・5。あと4時間半だ」

と数字が走る。

御前埼の岸壁から離れるとスタボーサイド（右）に大きく、御前崎港沖の岩礁を回り込んで舳先を一直線、英虞湾に向けた。

天候・海況は引き続き、超ご機嫌。

肌もジリジリ、これは確実に日焼けしているなあ。

そういえばさっきからナギちゃんが、ずっと空を見ている。

「どうしたの、上ばかり見て？」

「いや、顔を……、まんべんなく焼こうと思って」！……あ〜た、充分に真っ黒ですから！世の中の少年達よ！　夏休み真っ黒大賞をこんなオジサン達にとられていいのか⁉　さあ、海に出ようぜ！

幸いな事に、荒れた海、困難な海、様々な伝説の枚挙に暇《いとま》のない海・遠州灘も今日はとても穏やかである。その穏やかな海に、波切り音がベース、乾いたターボ音がコード、そして2機のエンジンの見事なシンクロから織り成される排気音が主旋律となったハーモニーが響き渡っている。ボート好きにはたまらない、とても素敵な楽曲だ。

「……こうして昨日まで仕事漬けでお疲れ気味だったオジサン達を乗せた35ftのボートは、まだ目的地前だというのに、早くもその魔力を発揮し、すでに4人を『キランキランの少年』に変身させておりました、とさ！」

なんと恐るべし！　ボートの魔法とは、かくも強烈だ。

午後3時。いよいよ大王埼が近づいてきた。船頭なしの入港なので、緊張感が高まる。操船を受け継いだ僕は入港案内を参考に、ゆっくりとしたペースで船を動かす。

右舷には麦埼灯台、左舷にはトツ石と大島。ここは、いたるところに岩礁や竹ざおが顔を出し、緊張感が1段階違う。

TOPはすでにフライブリッジから降りて、ボートの一番前、バウデッキに立ち、異変を察知するための五感六感をフル動員している。

緑と赤の浮標だらけの中、僕は頭の中で呪文のように、

「水源に向かって、赤い浮標は右舷！」

と繰り返し、ミスコース防止に最大限の配慮を行う。

緊張感によって速度をおよそ12ノットまで落とし、岩礁のすぐ傍に立つ緑浮標を左舷に見ながら、標識の合間を探るように縫って、いよいよ英虞湾の入り口までやって来た。

そして、「ここだ！」というポイントで大きく、大きく、鋭角に右転蛇。ゆっくりゆっくり大回りすると、厳かに美しい英虞湾が姿を現した。

噂どおり、真珠養殖のための筏《いかだ》が、ズラリと並んで僕らを出迎える。その数、無尽蔵。あたり一面と言ったら正しいだろうか。

「すげー、ところで、これどっちに行くんだ？」

「これ右でいいんだよな」

「どこが通れて、どこがダメなんだ？」

真珠養殖の筏なら錨も真っ直ぐ落ちているであろうと信じて、それなりに間隔のあるところを選びながら、浜島港を左に通過し、船を湾奥に進める。

緊張している船上の４人に向かって、次から次に飛び込んでくる絶景。

針路を探る真剣な眼差しの中、正面に見える間崎《まさき》島を右舷に追いやり、そこからおよそ15分経ったとき、

「見えた！　あれが英虞湾の檜扇荘《ひおぎそう》だ！」

（気分は「翼よ！　あれが巴里の灯だ！」）

まだ夏の太陽が夕方の柔らかさになる前に、目的地である檜扇荘の総檜桟橋に、僕らはすぃ～っと吸い込まれた。

時計は午後3時30分、航海計画より2時間も早い着岸だ。

凪もなく、穏やかな表情の海面に甘えながら、ゆっくりと舫いを取る我々。

きらめく海にせり出している、全て檜でできた桟橋から立ち込めるほのかな香りが、僕らに歓迎のレイをかけてくれているようだ。

本日の航海距離は、しめて215マイル。

ここで東京湾のキャプテン達へメッセージである。さぁ行こう！　自分のボートで東京湾から三重県英虞湾まで、間違いなく1日で行けるのである。

低気圧のちイルカ晴れ！

第2日：7月19日、午前6時起床。

昨晩、総檜造りのお風呂（しかも湯船から自分のボートを眺める事ができる）にゆっくり浸かった一行は、午後6時半からの豪華な夕食をたいらげ（飢えた我々は、当然お櫃《ひつ》ごとお代わりしました）、

「ちょっと8時ぐらいまでひと休みしようよ……」

の声ですでに部屋に敷いてあった布団に倒れ込み、そのまま全員が意識を失った。

……まぁ、早朝4時半の出港だったので、それも止むを得なかったわけだが。

お陰でぐっすりと眠れたので、今朝は6時起きでも快適な目覚めである。

今日の目的地は紀伊半島をグルリと回った先の淡路島！

気合の入り方も昨日とは、段階異なるというものである。

そそくさと出発の準備に取りかかった僕らは7時きっかりに朝食を頂き、（もちろん朝でもお櫃ごとお代わり、とてもよく食べるご一行様です）お腹いっぱいになってからさっそく出港点検に入る。

エンジンルームに潜ってみると、昨日ほぼ連続で11時間も航行したとは思えないほど、エンジンはケロっとしていた。ベルトもオイルも水も問題なし。このYAMAHAエンジンは評判どおり結構タフである。

この檜扇荘ではインターネット用のPHSが繋がらず、電話、iモード、そしてテレビのニュースで肝心の天気予報を手に入れる。しかし……、

……残念ながら見れば見るほど、全員浮かない表情になってきた。

今日の天気は梅雨前線上に低気圧が乗っかる最悪の状態で、九州・水俣《みなまた》では水害で人きな被害が出ているとの事。こりゃ、素人が天気図を見ても大変そうな雰囲気だ。

宿の人も、

「大雨で和歌山では電車も止まっているのよ。ボートなんかで大丈夫なの？」

と声を掛けてきた。

「……」

複雑な気持ちで、言葉を返せない僕ら。しかし目の前の英虞湾を見ても、もともと真珠の養殖をするくらいの内海ゆえに表情は穏やかそのもので、実感が湧かない。というか、やはり行きたい気持ちが強いのだ。

「……どうしよっかね？」

協議もそこそこに僕らは、

「とにかく外洋のご機嫌を伺おう。ダメなら帰ればいいさ」

という判断を下し、給油ポイントの紀伊半島・尾鷲《おわせ》港に向かう事を決めた。

天気予報に見入ったため、出発が30分遅れた8時半、そろりとボートが檜扇荘の桟橋を離れた。昨日とは異なり、不安いっぱいの出港だ。

英虞湾を抜け、外洋に出た直後から波高は２ｍ近く、しかも左舷から真横の波。

まだ雨こそ降っていないものの、かなりの風を感じる状態で、イヤな空気が洋上を支配している。それでもこの実力派ボートでは身の危険を感じるほどではなく、祈るような気持ちと一緒に、黙々と、尾鷲港へと向う。

小さな不安がいっぱいの中で小1時間ほど走った、その時！　一気に気持ちが高揚するプレゼントが突然やってきた。

操船していた僕が波間に背びれを発見したのだ。

船上に1オクターブ高い歓声が飛び交う。

「お～い、イルカ発見～～。ビデオ回せ～、デジカメ撮れ～」

天気の事なんかすっかり忘れて、船上はさながら「夏休みお子様撮影大会」の始まり。

ボートの周りではあたり一面に、20～30頭のイルカの群れが、背びれを出し入れしながら悠然と泳いでいる。少しスロットルを絞ると、僕らを先導するように、ボートの前方スグに2、3頭がジャンプする。

「おい、いまウインクしなかったか？　したよな！」

「あり得ないでしょ～。考えすぎよ！」

多分ウインクはしていないでしょ。けど、してたかもしれないな……と思ったら自然に笑みがこぼれ、能天気になっちゃった。まったくボートの上にいると無邪気になるよな。よし、あと10分ぐらいこのお客さんと遊んでから尾鷲に行こうっと。

尾鷲にタッチ&ゴー

イルカ騒動から落ち着きを取り戻し、時刻は10時15分。

GPSで見る限り、尾鷲港の海岸線が見えてもおかしくない距離のはずだが、急に立ち込めた霧で、まったく視界が利かない状態（推定1マイル）。おまけにこりゃ、最悪だ……、いやな予感通りに、ザァザァと雨も降り出した。こんな時こそ落ち着かねばならないと自分に言い聞かせながら、フライブリッジからキャビンの中へ逃げ込み、ロアステーションでの操船に切り替える。

4人とも、一言もしゃべらない。

イルカの事などあっという間に忘れ去り、船内は無駄口一つ叩けない雰囲気なのだ。GPSとレーダーを頼りにゆっくりゆっくりとボートを岸に向かって進め、やっと見えた佐波留《さばる》島を右手に、島と適度な距離を保ちながら、なかなか姿を現さない尾鷲港の入り口を八つの目で真剣に探す。

雨足はどんどん強くなり、キャビン内にエンジン音に加えて雨音もこもり始めた。尾鷲港への入港方法は何度も海図でシミュレーションしたが、やはり実践は違う。おまけに初めて来た場所で「見えない」というのは本当に辛い。

結局、給油の予約をしていた北村石油に電話をし、そこからの情報と勘をフル動員させた末の10時30分、びしょ濡れの僕らは尾鷲港の一番奥・北村石油横の岸壁にようやくたどり着く事ができた。


ほっとしたのもつかの間、外はバシャバシャと、地面に跳ねる雨の音が聞こえるくらいのどしゃぶり悪天候。船内で500リットルの給油を待っている間に、紀伊半島の先端・串本で我々を待ってくれている関西の仲間、バグースキャプテンに連絡を入れてみる。すると、

「(午後)1時ごろに低気圧が通過するよ～、ゆかいちゃん危ないよ～」

と悲痛な声が返ってきた。

「えぇ、1時に？　あと2時間ちょっとじゃないのさ」

さぁ、ど～する？　どぉ～するのよ！

行くのか⁉　帰るのか⁉

「え～、判断します。今回の旅は淡路島に行くのが目的でしたが、ご覧のような天候です。バグースさんも無理は禁物と言ってます。そして、予報も最悪です。遊びに命はかけられません。よって低気圧に追いつかれる前に英虞湾に帰る事にします。淡路島は断念、またの機会という

事にせざるを得ません。うぅ～くやしい……、けど仕方ない……」

キャプテンの皆さん、僕らは冒険家ではない。

冒険しても誰も誉めてくれないし、1円にもならない。遊びに命をかけてはいけないのだ。

「セーフティー・ファースト」をお互い胸に刻んで、海と遊ぼう。


そうと決めたら一目散に帰るのが正解。

びしょ濡れになりながらやっとたどり着いた尾鷲港までの35マイルの道程を、また黙って戻る事となった。それにしても目的を果たせず帰る道のりの、なんと寂しい事。

仕方ない、何か食ってまぎらすか……。

檜扇荘で作ってもらった握り飯にパクリとかじりつくと、少ししょっぱい味がした。

ああ、オレ自身も低気圧なり。

そんな僕を煽るように後ろからTOPがからかう。

「ちょいと運転手さん、英虞まで行っておくんなまし」

ったくよ～、あいつとっちめてくるから、ナギちゃん、ちょっと操船代わってくれる？

目的を失い、操船も手渡し、お腹も膨れた僕に、今回の航海で初めての睡魔が襲ってきた。

ふう。ＺＺＺ……。

浅い眠りから覚めた午後1時、ボートはすでに1マイルほど英虞湾に入っていた。ＧＰＳの航跡をなぞって走っていたナギちゃんとバトンタッチする。

午後1時15分。朝出たはずの檜扇荘に再び着岸。

人間ができていない僕は、

「お帰り〜、大変だったでしょう、この天候じゃ」

と優しく出迎えてくれた宿の方に、笑顔を返す事ができなかった。……ダメだよなぁ。

栈橋では未練タップリにボートから離れられない悪童4人。うらめしげに外の雨を見ながら船内では栈橋談議が始まった。

今日、何をしようか？　まだ昼の1時過ぎだもんなぁ。ここはすっぱりと海を離れ、陸で遊ぶしかないよな……。

「ＴＯＰさん、夜に遊ぶ店を下見に行きましょうよ」

「遊ぶ店って、ナギは何系がいいの？」

「僕ですか？　僕は世界中の女性がウエルカムですよ」

「で、ＴＯＰさんは？」

「俺はやっぱりアジアン系だな」

「あ〜、いいっすね」

夜の仕切りはこの二人に任せたほうがよさそうだ。

しかし、英虞湾にそんな店があるんかいな。


風呂に入ってから部屋でひと休み、英気を養った僕らは、タクシーを呼んで一番近い繁華街、鵜方《うがた》の駅前へと向かった。

この時点で明日の予定も決まってないし、体も疲れていない。

ストレスを吐き出すためには長い夜が必要なのだ！

あ〜、カラオケの歌いすぎで、のどが痛い……。

青い青い、西伊豆・岩地漁港

第３日：７月20日、午前６時起床。
本来なら、今朝は淡路島で目覚める予定だった。窓からは「ミーン、ミーン」とセミの声。

昨日僕らを翻弄した低気圧はあっという間に通過して、海はしーんと静まり、空には気持ちのいい夏の青色が展開している。

空白になってしまった今日の予定、一体どうしようか。

「そういえば海の会のメンバーが、西伊豆に入っているはずだよな」

TOPちゃんの声により、携帯電話でさっそく連絡を取ってみる。すると、5人の仲間がいるばかりでなく、僕らのボートを舫う場所もあるらしい。

よし、決めよう。

僕ら4人に議論の必要はなくなり、早々に行き先が伊豆半島の岩地漁港に決定した。

「よっしゃ、伊豆まで戻るぞ～！」

そうと決まれば、急げ、急げ。朝食をあっという間にたいらげ、準備をし、午前8時に出港となった。いろいろと便宜を図って頂いた檜扇荘に別れを告げる。桟橋では他の宿泊客である10人ぐらいの母子が勢揃いして「バイバ～イ！」の大合唱！　可愛らしいお見送りに、思わず顔がほころんだ。これって車の旅ならあり得ない出来事だよな。またまた船の魔力を見せつけられながら、さあ！　岩地までご機嫌モードで行くぜ！

午後1時。出航してからここまでの5時間は、昨日の荒れ模様がウソのように、本当にいい海が続いた。

　美しい英虞湾を心に焼き付けるようにゆったりと走ったあとは、大王埼から御前埼まで一直線。その定規で引いたような直線路を、外海の雄大なリズムに乗っかって、ゆっくりと上下にあやしてもらっているかのように走る愛艇と僕達。

　ぐるり３６０度、海と僕、そして太陽と僕の間に邪魔をするものは何もない。20ノットオーバーで繰り広げられる空と海と僕の三位一体は、今回の旅で特別に神様が用意してくれたスペシャルステージだ。舵を操る左手が、スロットルに置く右手が、東の水平線を見つめる目が、全部勝手にはしゃいでいる。


　ああ、ボートって本当にいい。コイツには魔力が宿っている。

　魔法のボートで、ゆかいな人生だ。


　90マイルのお楽しみをゆっくりと刻むように堪能していたはずだったのに、わずか5時間弱で最初の目的地、御前埼にもう着いてしまった。

　そういえば今日は日曜日で、漁港は休日モードなんだな。船着場にも釣り客が鈴なりで、大変賑わっている。とは言うものの、突然の船の出入りに備えた曳き波対策として、今回も増しフェンダーでバッチリ武装してから給油を開始した。そしてボートが給油している間に、僕らも燃料補給のため岸壁沿いの中華料理店に入る。

1時間後、愛艇は軽油680リットル、僕は塩ラーメンに餃子で共に満タン。僕と愛艇は、お互いに顔を見合わせてニンマリとVサインを交わす（気分）。


ここから岩地漁港までの距離は30マイル弱。ゆっくり走って1時間30分の距離だ。

午後2時過ぎに御前埼を出港して、これまた快適な駿河湾を滑る。何も考える必要がない、贅沢なこの時間を目いっぱい使って、僕は瞑想の世界に入り、今回の旅をちょっと振り返ってみた。

（しかし関西地方は本当に低気圧直撃だったのかいな？　ここはベタ凪だもんな〜。岩地に待っている5人の仲間に、今回のクルージングの話をいろいろしよっと。もうちょっとで着くからね〜。そういえば下田で開催されているJIBT〝ビルフィッシュ・トーナメント〟に参加している仲間が見事カジキをHITしたらしいじゃないのよ、スンゴイね。……etc）。

なんだ、みんなボートの話題ばっかりじゃないの。笑っちゃうね。それだけボートって楽しいんだよね。

ほどなく西伊豆・松崎港のすぐ南に位置する、岩地漁港に近づいてきた。

情報によればさほど入港も難しくなく、素晴らしい景色に囲まれた、まさに秘境と呼ばれてしかるべき雰囲気の港らしい。

午後3時40分。そんな観光気分の僕らを乗せたボートは仲間の艇に横抱きされ、安住の表情をもって岩地でエンジンの火を消した。爆発音が止んだ防波堤は静けさを取り戻し、耳に届くのは海辺にある当たり前の音だけ。着いた。岩地だ。

「へぇ、西伊豆の海ってキレイだぁ。5m下の海底がはっきり見えるよ」

「なんだ、あの魚！　観賞用だろ、あの蛍光色！」

到着早々、みんなへの挨拶もそこそこに、僕とナギちゃんはブルーフィッシュがお出迎えしてくれた西伊豆の海へシュノーケルマスクを着けて飛び込む。

水温は25度。潮風と太陽に8時間近くさらされた体にはとても気持ちがいい、限りなく柔らかに包んでくれる、透き通った海。

う〜ん、なんなんすかね、この気持ちよさは。

僕、このままお魚になっちゃいますよ、もう。

この夜は岩地の民宿で一泊。狭い家族風呂に男同士ギュウギュウで素っ裸で入りました。ボートに乗っていると、なんかいつも特殊な体験ばかりだなぁ……。

▲ 三崎で出迎えてくれた仲間達に感激…

▲　昨日がウソのような穏やかな海。ゆっくりと岩地へのアプローチを行う

石廊埼でキリキリ舞い

第4日（最終日）：7月21日。

習慣とは恐ろしいもので、目覚ましをかける事もなく午前6時にきっかり起床。

ふと枕元に置いた携帯電話を見ると、爆睡していた僕への着信履歴が4件残っていた。留守電に残されたどの声も、

「三崎で待っているよ～」

との事。へへ、朝からいい目覚めじゃないの。どなた様もありがとうございますだ。

この伊豆からの道のりでは、ここで合流した仲間艇・村上キャプテンの「アミラリオ」のクルーを務めるディアちゃんにデジカメの撮影を依頼したのである。目的は新しいシップカードの写真（「シップカード」とは海で交換するための名刺である）。今のボートではいい写真がなかったので、今回ディアちゃんの腕に大期待しているのだ。

午前8時45分、岩地漁港を出港。

「今日もいい海だなぁ。最高だねぇ～」

油を撒いたように穏やかな海。走るボートの姿でさえ、その海面に映り込む海。お互いの晴れ姿を撮り合いながら、石廊《いろう》埼まで2艇のランデブー走行が続く。時には前に、時には後ろに。2匹の犬がじゃれ合っているかのように走る2艇。

のちほど何十枚という写真を見せてもらったが、どれもこれも素晴らしい写真だった。（P.288に掲載）

う～ん、ディアちゃんサンクス！　お陰でいいシップカードができたよ。

全てが順調な帰り道だが、好事魔多し。やっぱり長旅では何かが起こるものだ。石廊埼の姿が近づいてくると共に、どんどんと視界が悪くなってきた。

……霧だ。それも相当に激しい霧だ。

「海はベッタリなのに、参ったな……」

まずは落ち着いて両舷灯、航海灯のスイッチをON。そしてもちろんレーダーも併せてON。こんな時は断トツに長いボート経験を持つTOPちゃんが頼りになる。レーダー映像を読み上げる声に心強い声援を受け、それでもおっかなびっくり、ボートを進める。

石廊埼をやっとこさ回って、ボートはようやく下田沖まで来た。しかし状況は変わらないどころか、さらに悪化してきたようだ。お調子者軍団の口数もさすがに減る。

僕は深く考える。

「この旅は6年目にして迎えた、僕の小学校卒業試験なのだ。だから、今まで海から学んできた知識を全て使って、絶対安全にたどり着かなければならない。焦るな、ゆっくり慎重でいい。レースじゃないんだから、事故さえなければ合格なのだ」

このエリアは本船航路が近い事もあり、僕の緊張はピークに達する。レーダーをフル活用しながら4人の全ての感覚を使ってウォッチ。遠くから霧笛が聞こえるたびに、大きなタンカーが目前に迫った幻を見て、表情がこわばる。

そんな視程0・5マイル弱の状態がさらに1時間ほど続いた。1時間頑張って、大島の近くまでやって来たら、ほんの少しだけ、見通しがよくなってきた。

気を緩めるほどの余裕は、まだない。しかし、もはや持続する精神力もない。

——お願い、一息つかせてよ。

僕は忘れていたタバコにやっとこさ手を伸ばす。深々と煙を吸い込んで、大きく吐き出したら、失っていた表情が戻ってきた。

「ふぅ〜。三崎まで、あと2時間もあんのか〜。もうチカレタよ〜」

正午。視程1マイル。

港口堤防付近からでも城ヶ島大橋が見えないほどの深い霧の中。やっと、本当にやっと三崎漁港にたどり着いた。しかし、空はこんなに明るいのにねぇ……。

三崎では海の会の仲間が5艇も揃って出迎えてくれた。不思議な事に彼らの顔を見たら疲れが遠のいた。遠く離れた旅先での、仲間の出迎えは本当に嬉しいし、心強い。

英気を取り戻した僕らは、早速昼食の買出しに出かけ、今回の旅で最後のテーブルを準備し始める。三崎の岸壁にいるとホームグラウンドに帰ってきた気分。旅の4人に加え、仲間が増えた桟橋談議は、輪をかけて楽しい。

「結論！　ボート遊びは一人より大勢の方が、絶対楽しい！」

最後の最後にそりゃないよ！

午後2時に最後の寄港地・三崎を出港。

ボートは剱埼灯台から観音埼灯台を左舷に見て、三浦半島寄りを22ノットで順調に航海中。

初心者の卒業式を目前にした僕は、操船しながらこの旅を振り返る。

「あ～あ、なんかアッという間の4日間だったなぁ。淡路島行きたかったなぁ、残念だったなぁ。しかし下田の霧はすごかったなぁ。大きなトラブルもなく楽しかったなぁ」

クルーの面々は三崎で飲んだビールも手伝って、すっかりお休みモード。

海の上での一人の時間は、頭を整理するにはもってこいだ。

しかし油断大敵。そんな風にいろいろな思いをゆっくり蘇らせながら、かなりまどろんでいた時間のど真ん中に……予期せぬ試練が突然やってきたのである！

「ん？ やけに低い雲が横浜方面に見えるな。こりゃぁ、ひと雨きそうじゃないの！ 早いトコ抜けちゃいたいなぁ……」

浦賀水道航路の3番ブイをかわしてフルスロットルで千葉方面に横断し終わると、舳先は第1海堡に一直線。そして海堡を抜けようとしていた、その時。

バケツをひっくり返して頭から被った経験はいまだかつてないが、おそらくこんな感じと思われる、突然ドシャ降りの大豪雨、おまけに避難場所のない海上では特に恐ろしい雷も鳴り響き出した。

大粒の雨が全ての視界を奪う。

もはや霧どころの慌てぶりでは済まない、今回の旅で最低となる、視程わずか50m。

何も、まったく何も見えない。

おまけに操船席には僕一人。激しく焦る。

遊漁船も職業船も両舷灯の他にパトランプまでをも点けて、ホームポートであろう方向に一直線に向かっている。またGPSを装備していないであろう20ft程度のプレジャーボートが行き場をなくし、ただただグルグル回っている。

こちらも切っていたレーダーと航海灯のスイッチを直ちにONにしてから、雷避難のためキャビンに駆け込んだ。

「うわ、みんな寝ているじゃないか、参ったな～。蹴飛ばして起こしちゃおうか」

とりあえず飛びついたステアリングをしっかりと握り、懸命に操船をしようにも豪雨でワイパーが利かず、全く視界がない、極めて危険な状態。ヒドイ雨はそれでも数回ほど経験があるが、見えない恐怖というものは、何度経験しても慣れるものではない。このままでは危険回避もできない。

仕方がない、雷が収まりかけてくるのを待って上に戻ろう。

僕は合羽を着込み、再びフライブリッジに駆け上がった。残念ながら雨はさらに激しさを増しているようだ。

しかし、どんなにズブ濡れになろうとも、このボートを危険にさらしてはならない。ましてこの天候だ、もらい事故だって充分に考えられる。少しでも見えるなら、雨にさらされてもここは踏ん張りどころだ。

「ああ、風防を作っておいてよかった。少なくとも絶望的ではない、少しは凌げるぞ」

この航海用に特注した風防の陰に身を隠し、気合を込めてスロットルをグイとひと押し、12ノットまで速度をあげ、針路を保つ。気合が入った瞬間に、事態を察したナギちゃんが合羽姿で上がって来てくれた。


こうして第1海堡から始まった暴風雨との格闘時間は約30分を数えた。

幸い風の塔を過ぎたあたりで雨が急速に収まってきた。

よかった、これならば問題はない。

僕は雨で濡れないようにキャビンに避難させておいたタバコを取りに戻って、再び火をつける。

「ふぅ〜、ひと安心。やばかったぁ〜」

「お疲れさんでしたぁ」

「ナギちゃんもお疲れさんでした〜」

さぁ、残るは30分の距離。

東京灯標脇を通過し、点けていた航海灯とレーダーをＯＦＦ。わずか数分でウソのように澄み渡った空気の中を、最後のアプローチに入る。

「淡路島は次の宿題だなぁ」

今回の3泊4日、プチロング航海の終焉をじっくり味わいながら荒川河口へ針路を当てた。


午後4時12分。

最後までハプニング続きだったが、無事に、ホームポートである夢の島マリーナに着岸。エンジンを切った瞬間に、僕は大きく息を吐き出して、肩の荷を降ろした。

記念写真に並んだ満足そうな顔が、今回の旅の充実度を物語っている。

まずは幸せな4日間を共にしてくれたTOPちゃん、ナギちゃん、MAKANIちゃんに、スペシャルサンクス。

「お陰様で無事に卒業試験を終える事ができました。ボートを始めて6年経って、やっとなんとか一人前になったみたいで～す」

そして応援してくれた仲間にも深く感謝。

「みんなありがとね、お陰様で思い出深い4日間になりました。うう、おらぁ幸せもんだ」

しかし、感慨にふけりながらも僕は、早くも次の航海に心はせていた。

「愛艇よ、また、いい海に連れて行ってくれよな！　今回の500マイルは極上だったぜ！

今度は淡路島だろ⁉　うほほ〜い！」

やっぱりボートって最高だ！

その1

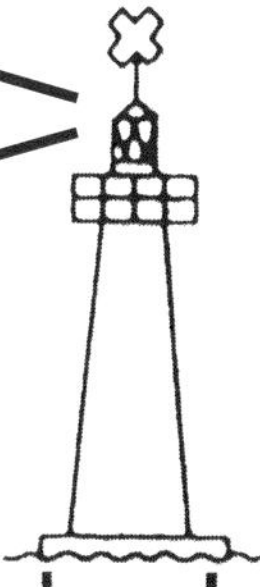

満足度120%のおすすめクルージング

煮るなり焼くなり！
保田漁港・
海鮮満腹ツアー

たい寿司
イナダ刺し
アジ刺し
ほうぼう煮
アジ煮
さんが焼
イカゲソ揚げ ¥300

さかな、さかな、さかな♪

ここからは東京湾ならではのおすすめショート・クルージングを紹介しよう。東京湾でボートを持つと、呪文のように耳にする言葉がある。それは「ホタ」。「ホタ、ホタ〜」と叫ぶと、その週末はお魚を目一杯食べることができるのだ。ねっ、不思議な呪文でしょ？　では、そのタネあかしを……。

毎週当たり前に海で遊んでいる我々の食生活は、なんとなくシーフード三昧のイメージかもしれないが、実はボート乗りの食事とは結構質素なものである。

そりゃ島に行けば、寿司も食う。しかしショートクルージングで東京湾内をクルリと回ってくるだけの日や天気のよくない日も多くある。いやむしろ、そちらのほうがずっと多い。こうして昼にマリーナにいる時は、マリーナ2階のレストランに大挙して訪れ、ハンバーグや鶏のから揚げ、カレーなどを当たり前に、普通に、食べている。

つまり日ごろの食事と海の幸とは、まったく関連性がない。

いくつかの食堂船で振舞われる食事だって、大概が「男の料理」（繊細な料理ではなく、肉を焼くだけ、もしくは鍋系など手のかからないメニューが中心）である。

しかし、唯一の例外は仲間内に、釣りに出撃して見事大漁で戻って来たボートがいた時。この時ばかりは桟橋が「にわか中央卸売市場」となり、キンメ、サワラ、キメジ、メジマグロ、アジ、カツオ、など獲れたての旬魚が、ところ狭しと並ぶ事になる。

もちろん代金を要求するようなヤボな輩は一人もいない。

「さかな、持ってってよ〜」

という声に遠慮なく反応し、その夜は豪華で新鮮な海の幸にまみれる事になる。

しかし！

しかしである。なかなか空腹感とドンピシャにタイミングが合う事は少ないのだ。

そう、食いたい時に魚はない。食いたい時にはやっぱり食いに行くのである。


魚を食いたくなった我々の行き先は「保田漁港・ばんや」、正確には千葉県安房郡鋸南《きょなん》町吉浜、夢の島から35マイルも先という、ついでではなく、わざわざそこまで行かなくてはならない場所だ。しかしボートで約1時間半というこの距離は、ゲストが来た時のショートクルージングにはうってつけで、特に夏場は頻繁に利用する事になる。本音を言えば、東京湾の奥に桟橋があってボートで行ける海鮮物レストランがあったら、そりゃ嬉しいのだが……。

▲ 腕利きの仲間の船に乗ってみたら・・・こりゃ大漁だぁ！

瀬戸内海などとは異なり、東京湾のボート乗りは出先で船を着ける桟橋に恵まれてはいない。ちょっと出港して、ちょっと出先にボートを着け、上陸してご飯をパクパク……。理想とする美しきボートライフだが、現実はなかなか難しい。どこへ行っても着岸禁止、上陸禁止ばかりで、ちゃんとした設備があるところには、ちゃんとした料金表がある。僕のホームポートである夢の島マリーナもゲスト桟橋はもちろん有料、横浜ベイサイドマリーナも有料、八景島マリーナ、YFC、三崎漁港もそしてこの保田も値段は安いが有料である。なかには食事代よりも高い係留料を払わないと停めさせてくれないところもある。

ご飯を食べれば無料で停めさせてくれる浦賀のシティーマリーナ・ヴェラシス、横浜のレストラン・タイクーン、江戸川ニューポートには是非このまま頑張って頂きたいものだ。

保田は聖地なのだ！

まぁボヤキはこの辺にして、魚気分の時は保田《ほた》なのだ。

保田には漁協直営の「ばんや」という食事処がある。朝獲れ寿司やキンメの煮つけ、イカの姿焼き、アナゴ寿司など、漁港だけに揚がったばかりの新鮮な海産物が並ぶ。結構値段もいいが、一品ごとの量は多い。よってボートで訪れるぐらいの人数（6〜8人）が集まって、いろいろな品をつまむには最高の店となる。

ここは駐車場が広いので、自家用車で来るお客さんが90％以上らしいが、20艇近く停められる桟橋も夏場のピーク時には待ち状態、おまけに店でも1時間待つ事は当たり前の大賑わいとなるのだ。

ある魚気分の日、桟橋仲間８人で一艇に乗り込み、保田を目指す事にした。８人の年齢を足すと４００歳はラクに超え、体重を足せば６００kgを超すそんな集団である。その職業は多種多様、ボートをやっていなければ絶対に一緒の時間を過ごす事がなかった面々だろう。

話はちょっと逸れるが、海の上で肩書きを振り回すのはかなり格好悪い。社長だろうが先生だろうが、スキルがなければ「ふ〜ん」って感じであしらわれる。

「何が社長だよ、このオヤジ！（頭をペシ！）大体中小企業でしょ〜が、何人雇ってんのよ？」

「うん、８００人」

「え……８００人？　こりゃ失礼しました」

なんてビックリする事もある。ホントに頭なんかブッ叩いてゴメンなさい。

それでは保田への入港ガイドを。

保田への入港は、最後のアプローチさえ間違わなければそんなに難しい事ではない。浦賀水道航路の2番ブイをかわしたら、とにかく180度を保ったまま4マイル半、剱埼を右正横に見るまで真っ直ぐ南下する。千葉側の岸に近づかなければ、まず間違いなく大丈夫。というのも金谷を越えた先、この明鐘《みょうがね》岬の突端をかわすとまもなく保田に到着！ という場所にかなり張り出して定置網が控えているのだ。せっかくの楽しいレジャーだからトラブルはお呼びでないのは言わずもがな。

初めて保田へ行くキャプテンは、浦賀の2番ブイを越えたらとにかく180度、浮島の外側を目指して岸に近づかず、最後に保田を左正横に見てから直角に変針して入港する事をお薦めします。当然GPSには航跡を記録し、帰りもその跡をなぞるのが基本。

保田漁港のテトラポッド堤防が目視できる距離まで近づくと、前方に小さな灯台のような標識が乗っかった岩状の平島が目に入る。正直、初見ではビビらせてくれるかたまりだが、ゆっくりゆっくり慎重に、左舷に見ながら通過すれば向こうから悪さをされる事はない。無事に堤防の内側に入ったらデッドスローがマナー。ここで初めてホッとできるわけである。

ここにはかつて殺到するボートを見事にさばく名物おじさんがいたが、数年前に病気で他界された。陸ではどんなにエライ社長さんでも彼にかかっては赤子同然、名物おじさんの痛烈な一撃を食らった人が当時はたくさんいたのである。

無事に場所が決まると着岸だ。今日はキャプテンてんこ盛りの状態だから、クルーは贅沢に使える状態。

本日はクルーを務める僕がロープを片手に何気なく桟橋を見ると、なんと鳥のファンが山盛りだった。

おいおい、鳥インフルエンザなんかが流行ったら、ここはヤバそうだぞ。それにツルッと滑りそうである。桟橋に「えい！」と飛び降りてすってんころりん、臀部を打つだけならまだしも、勢い余って海へ転落する人もいる。こんな場所ではいつにもましてキャプテンにはソフトタッチの着岸が求められる。これがきっちり決まると格好もいい。

そうだ！　クルーの皆さん、ジャンプするようなハメになっても、少なくとも携帯電話は犠牲にしないように、ポケットから出してボートにしまっておきましょうね。

無事に着岸して艇を休めたら、２階の事務所で手続きを行い（ちなみにこの春に訪れたら手続きする事務所が１階に変わっていた。混雑時のさばきはどうするのかなぁ……）１００

0円を払う。そこで「ばんや」の500円割引券をくれるので実質の係留料は500円、食事会計の際には忘れずに、堂々と提出して割り引いてもらおう。

ささて、やっと「ばんや」にたどり着いた。600kg軍団のその日のオーダーは、獲れ立てのイカ刺、キンメの煮つけ、イカの姿焼き、カレイのから揚げ、アジフライ、マグロ寿司、タタミイワシ、小エビのかき揚げ、伊勢海老の味噌汁、そしてビール、ビール、ビール……。

あれ、TOPちゃん、キャプテンなのに飲んじゃってるよ、また俺に帰りの操船をさせるつもりかよ～、これじゃぁ今日は長っ尻だなぁ。

こんな感じで昼前から始まったある日の保田の海鮮満腹ツアーは、長い夏の日ですら傾き始める時間まで延々と続き、その日、保田に揚がった水揚げの全てを食べ尽くす事によって、やっと終えるのであった（もちろん、うそ）。

その2

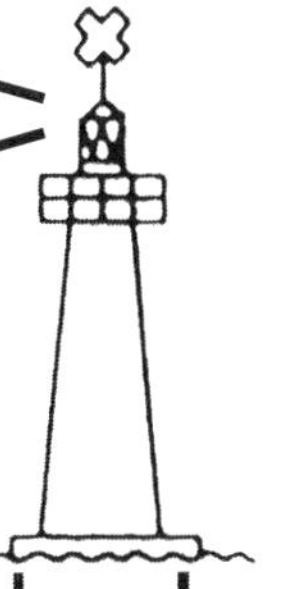

満足度120％のおすすめクルージング

川面から見上げた「江戸」の町・神田川周遊ツアー

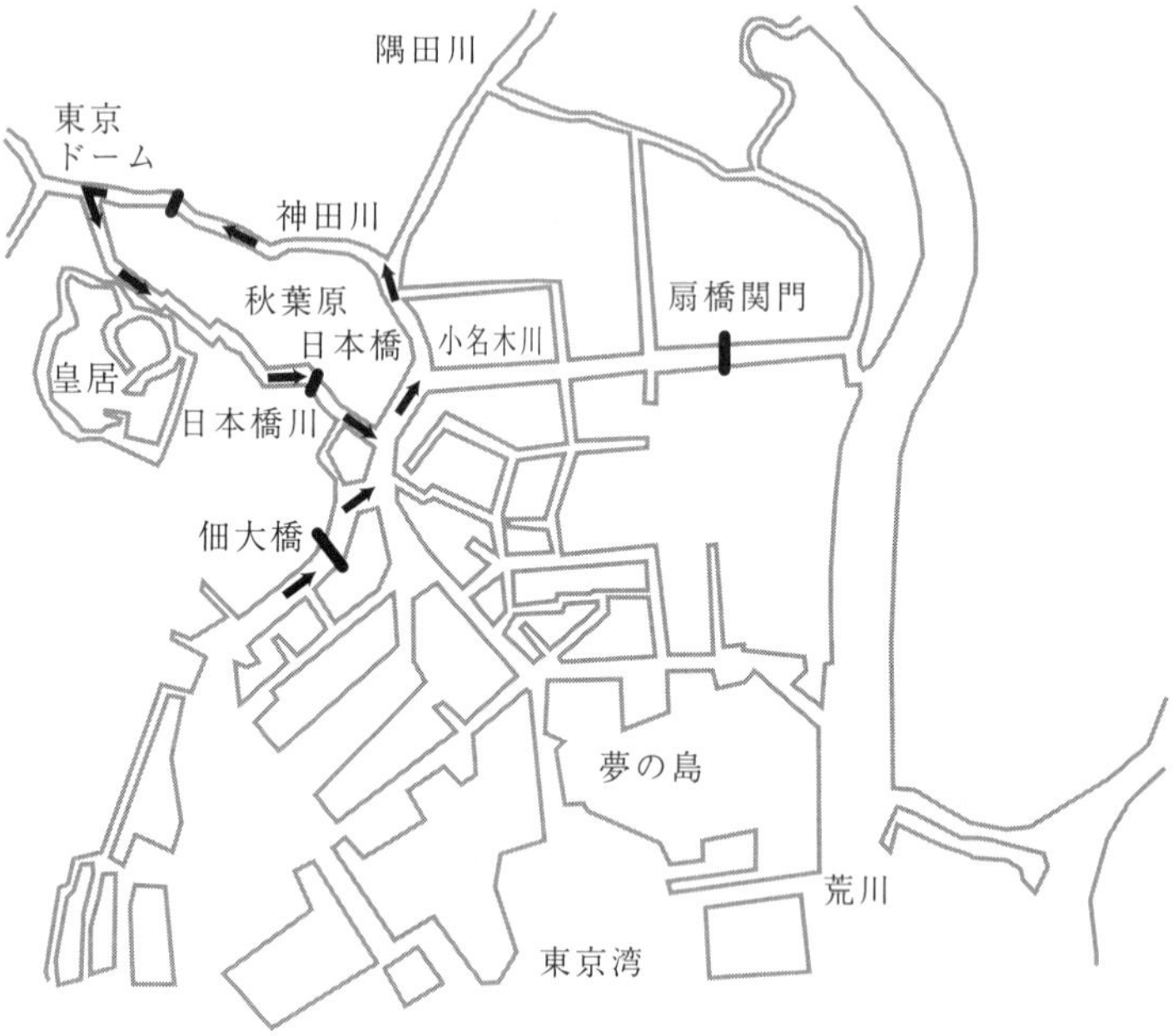
隅田川
東京
ドーム
神田川
秋葉原
日本橋
小名木川
扇橋関門
皇居
日本橋川
佃大橋
夢の島
荒川
東京湾

東京にパナマ運河があるって!?

お次はちょいと小船に乗っかりまして、小船でしか行く事ができない、東京湾奥の「川探検」にご案内します！

これを読んだら、もうボートワールドから引き返せませんよ～！

小船の一番の魅力は、水面と自分の距離が近い事にある。細かく降りかかる水の飛沫を肌で感じると、気分はさながら、觔斗雲《きんとうん》か魔法のカーペットの上。水の上に立つようにスイスイと進むこの気持ちよさは、大きなボートでは決して味わえない。40 ftを超える大きなボートを持つオーナーでも、小船に乗る時の笑顔は種類が異なるのだ。

う～ん、表現が難しいのだが、冒険に出る前のガキっぽい顔っていうのかなぁ……おちゃめな顔になるんですよ、本当に。

現実に大小2艇を使い分けているオーナーもいる。車でも用途に応じてオープンカーと4WDの2台を持つ人がいるが、それに近い感覚なのだろう。どちらにしてもお金がある人は、贅沢なボート生活を送っているものだ。

本日めぐるボートは21ftのセンターコンソール・船外機。

夢の島マリーナから運河を伝って神田川を周遊し、隅田川経由で戻る超ゴージャス（なはずの⁉）ルートだ。

特に桜の季節などは、船べりから桜を愛《め》でながらこの水路をゆっくりと走れば、さながらお大尽気分。これまたボート乗りだけに許された幸せ気分が味わえるというわけだ。

それでは最初に、驚きの「ロックゲート」から攻めてみよう！


隅田川を上がって行き、左にＩＢＭの建物を見た少し先の右側、隅田川と荒川を結ぶ小名《おな》木《ぎ》川に入って、しばらく進むと赤い水門がある。

ここがパナマ運河の小型版とも言える扇橋閘門《おうぎばしこうもん》だ。

0メートル地帯を流れるこの川と両側を挟む大きな川とでは水位が３ｍほども違うので、従来船の往来が不可能だったらしいが、この閘門と荒川側のロックゲートによって双方の行き来が可能となったそうだ。この閘門での水面コントロールは、主に災害時の物資運搬ルートを確保するため、大きな川を持つ近代都市では必需品だそうである。

▲ 扇橋閘門。大量に落下する水の塊は大迫力。

▲ 首都高速下を行く。まるで迷宮探検のよう…。

実際に利用をしてみるとこれが面白い！

まずは立ちはだかる水門の前までボートを進めて停船。しばらくするとアナウンスと共に門がガガァーっと上に開く。

ものすごい水の塊が、開いた門からズザァっと落ちてくる。

門が開ききったら、滴り続ける水を避けながら、そろりと入門。広大なゲートの中に入って暫く待つと、アナウンスののち、後方の水門が閉まり水位の調整が始まる。それはもう、ものすごいスピードで水位が変わる。隅田川から入るなら減らし、その逆ならば増水。およそ3分ぐらいだろうか、なんとも不思議な時間を過ごす。

この閘門の開閉時間は月～土の8時30分から16時30分まで（2006年3月現在）。おそらく門を動かす動力は電気だろうから、1回の開け閉めでかかるお金は、結構な額だという事が想像つく。

この近辺に小型ボートをお持ちのオーナーさんは、多少申し訳ないと思いながらもしかし、災害時に慌てないためと己に言い聞かせ、1回経験してみるといいだろう。もちろん、イザという時は物資の運搬を買って出る気概も必要であるが。

この閘門を味わったら、もう一度隅田川へと戻ろう。

お江戸日本橋のヘソを見た！

隅田川を下流から順番にボートでなぞる。その名前がもたらす風情だけでワクワクしてくる。

勝どき橋、佃《つくだ》大橋、中央大橋、相生《あいおい》橋、永代《えいたい》橋。

佃煮で有名な佃島も今は庶民的な匂いは消えつつあり、超高級高層マンションが立ち並ぶ。川のへりには見事な桜の並木。横を通ればたとえその季節でなくとも、満開の情景が浮かぶ。花びら舞う春の匂いが、ここの空気にしみ込んでいるような気さえするのだ。

続くは隅田川大橋、清洲《きよす》橋。新大橋、両国橋。

どんなに近代的なビルが並ぼうとも、

「ここは東京じゃなくて、本当は江戸なんじゃないの？」

と感じられるほど、不思議な歴史の重みが岸辺から襲ってくる。

両国橋を下流からくぐり抜けると、すぐ先の左側に柳橋を見つけ、ボートは左に変針、さていよいよお待ちかねの神田川へとボートを進めよう。

川には無数の屋形船が休んでおり、手入れ中の船頭さんが遊び船である我々に鋭い視線を飛ばしてくる。

気の小さい僕らは見て見ぬふり。

急がない川めぐりの最中はとにかくのんびりと移動するのがいい。せいぜい6ノット程度で軽〜く流すのが、粋な景色や気持ちとマッチする。

ここを越えるとすぐに浅草橋の問屋街。時間帯にもよるが、タイミングがいいと川沿いに建つ女子高の窓から、何やらパステル色の声援が届く事があってニンマリ。

左衛門《さえもん》橋を越え、東神田の地名に差しかかったあたりからは、迫り建つ古いアパートの街並みを見上げ、すっかりギター片手の「神田川」気分。総武線と平行に走るこの川に、かつての下町生活を垣間見る。

ちょっと大きな和泉《いずみ》橋まで来ると、秋葉原の街のざわめきが川面まで降りてきて、それは万世橋でピークを迎える。橋を行き交う通行人達が足を止め、仰天の顔をする。夏の暑い盛りに、橋の上に佇むネクタイ姿のサラリーマンと、川面にTシャツ短パンでボートに乗る僕らほど好対称な姿はない。

「僕らもちゃんと働いているんですよ！　今日はたまたま休みなだけなんだから！」

と、届かない言い訳を心の中でつぶやく。

昌平《しょうへい》橋を越えると、総武線と交差。喧騒が静まると、空気も、景色も、パァっと開けてくる。

そして聖なる橋の先はＪＲ御茶ノ水駅。

この駅に降り立った人なら一度は、ホームから見える川に目線をくれた事があるだろう。そこは何も走っていなければ、死んでいるかのような水面。少なくともほとんどの人がその水面が有名な神田川とは思いもよらないだろうし、ましてボートが走る「生きている水面」とは考えもしないようで、間違いなく驚きの表情で僕らを見る。

この町とこの川に、超人工的な匂いを持つボートという機械は不似合いなのかもしれない。少なくとも僕は充分それを感じているから、できるだけボートを目立たせないように、ゆっくりと走り抜ける。それでも何百、何千という痛い視線が降ってくるので、気の弱い方はご用心。

この先、外堀通りを走る車と競うように、ボートは水道橋へと向かう。後楽園の黄色いビルが目に入ると改めて自分が何をしているのか分かり、なぜかビックリする。

水道橋のゴミ運搬船のステーションを越え、小石川橋の手前で、首都高５号線の下に滑り込むように直角に左に曲がり、日本橋川に入る。

かつて、東京オリンピックに合わせ、急速に造られた首都高速は、用地買収の都合で川の上を走らざるを得なかったと聞く。まさにそれを立証するかのように、ここから先はずっと、首都高速と一緒の川めぐりとなる。川面からオリンポスの柱のように、にょきにょきと生える高速の橋脚が、勝手に航行コースをスラロームのように定めていく。

飯田橋から九段下を過ぎ、竹橋ジャンクションの下あたりまで来ると、上を走る高速道路が入り組み、それによって空がふさがれるので、こちらの気分も少しふさぎぎみ。

この先はビジネスの中心地、一ツ橋から神田橋、大手町。そしていよいよ日本橋の下を通る。

お江戸日本橋のヘソを見たやつなんて、そんなにいないだろうなぁ。

この八百八橋の筆頭を制する事で毎回、川めぐりは満足の頂点に達するのである。

残るはあと少し。

兜町《かぶと》から茅場町、箱崎を抜けると、隅田川大橋のちょっと下流、永代橋直前の隅田川に、ボートは吐き出されるように飛び出した。

水深も船外機仕様のスモールボートなら充分。特に大雨のあとでなくても、一番浅いところでも水深1・5ｍは確保している。ただし浮かんでいたり沈んでいたりするゴミには充分な注意が必要なので、心して走ったほうがいい。

日本橋を中心に、グルリと円状に走ったおよそ４マイルの「小さな旅」は見どころがいっぱいのラビリンス探険。陸上からこれでもかと飛んでくる痛い視線に耐えられる方には、絶対お薦めのお楽しみなのです。

「あなたはもう忘れたかしら？」

と言われる前に、神田川の記憶を焼き付かせに、さあ、スモールボートで出かけましょう！

番外編

マリーナで結婚式

［縁結び］

お騒がせしました！

こんな風にほとんどの週末を勝手気ままにマリーナ通いしていた僕だが、平日は陸地で本能のおもむくままの活動をした結果、なぜか彼女ができた。（もちろん「なぜか」ではなく、一生懸命口説いたからに他ならないが）

当時僕は40歳、彼女は36歳。

お互いこの歳では、今さらお付き合いというわけでもないし、また相手が同じ会社という事もあったので、付き合うと決めた＝突然の結婚という流れになった。

しかし一年中こんな海生活の僕である。

付き合いだしてから全てのデートはマリーナでのボート生活。初めての外食も、外泊も、遠出も、全部ボート。一体なんでこんな男についてきたのかわからないが、確実に言えるのは、「ボートマンにとって、海好きなパートナーができたというのは、ものすごいハッピー」な事なのだ。

しかも、僕は決して彼女をだましていない。数多くの警告もちゃんと発している。

「ボートで遊ぶと日焼けしちゃうよ。生傷も絶えないよ。狭いよ。揺れるよ。冬はめっぽう寒いよ。夏はコゲるぐらい暑いよ。爪が折れるよ。手や顔が汚れるよ。水を被るよ。潮まみれになるよ。……ｅｔｃ」

これだけ脅かしてもまだニッコリしてボートに付き合ってくれるなんて、まるで宝くじに当たったような気分である事をお分かり頂けるだろうか。

そうと決まったら、結婚式の準備だ。

しかし付き合い出したばかりの二人は、とりあえずマリーナでのデートが楽しい。

その週末も仕事を終え、一緒にマリーナに向かう車の中で、冗談半分で言ってみた。

「これだけマリーナに来ているんだから、マリーナでお披露目パーティーやる？」

結婚式の主役はそもそも女性だし、彼女はきっと豪華なホテルとかを希望するもんだと思っていたら、意外な答えが返ってきた。

「いいじゃない！　やろう、やろう」

1オクターブ高い声での返事だった。

うわ、こりゃ、マジだ！

朝から快晴、しかも気温18度。本来ならセーターを着ていてもおかしくない11月の第1週。Tシャツ1枚が気持ちいい、絶好の海日和の中で二人の船出となる結婚披露のパーティーが始まった。集まってくれた友人はおよそ200名。半分近くが会社関係で、半分が海の仲間だった。

ポロシャツやスニーカーなど、パーティーらしからぬ海の正装で続々と友人が駆けつけてくれる。そして僕ら二人も同じような姿である。

ふと会場の奥に目をやると、彼らなりの表現か、ドカヘル、青ツナギ、口の回りに墨汁で書いた泥棒ヒゲ姿でTOPちゃんとナギちゃんとキョロちゃんが立っていた。……まったくアホやのう。会社関係者は全員ドン引きしてるじゃないか。

「……誰？　あの人たち。芸人さん？」

他の海オジサン達はといえば、会社の可愛い子を選んで横に座らせ、おしゃべりしたり、写真を撮ったりしている。

あららら、もうコイツら操縦不能だ。こらぁ、女の子の肩を抱くな～！

こんな荒れ模様のパーティーが3時間近く続いた。

パーティーの最後に、僕が挨拶する順番がやってきた。

会場をグルリと見渡す。仕事仲間、学生時代からの仲間、前の職場の仲間……そしてあきらかに異風の集団のところで、僕の目が止まる。

キラキラッとした何十もの瞳が、こちらを見ていた。隣でにこやかに笑う彼女に感謝しつつ、僕は思わず言ってしまった。

「こんなへんてこなヤツらですが、海の仲間は最高です。僕と、妻と、かけがえのないこの友人達を、これからもどうぞよろしくお願いします！」

……やっぱり、やっぱり、ボートって、最高だ！

あとがき

高校時代も大学時代も、気合の入ったデートは海だった。昔から「海に出かける」ということは、僕にとって特別な事だったのだ。しかし大人になってからは……たまの休日も混雑を避け、ゆっくり体を休めていた僕は、海の魅力をすっかり忘れた陸人間になっていた。

ある日、ひょんな事をきっかけにボートの免許を取った。免許を取ったらボートが欲しくなり、マイボートを持った。その瞬間に、忘れていた何年分もの海の魅力が、まとまって僕に襲いかかってきた。太陽のギラギラ、潮風だけが持つさわやかさ、小麦色の肌、ロングクルージングの楽しさ、冒険心を満たす島への上陸……。

うひゃ～～あ～、どれもこれも、本当に気持ちいい～。

ボートで海に出る、その気持ちよさを知った以上は、是非とも人に伝えたい。そこで、おせっかいな僕は、こうして本にすることを考えたのです。

この出版にあたり、海と多くの海仲間に、そしてアドバイスをくれたＮＰＯ法人・海の会の西多佳雄氏に海より深い感謝を捧げます。

ボート親父のひとりごと

スズキ以外も釣りたいと、ボート屋さんにちょっトヨッタ。
おや、お客さまウエルクラフト、いいボートがアルベマーレ。
ところでおニッサンご予算は？　どんなボートをお探シードゥ？
おヤンマー素敵なボートだね、思わず心がグランドバンクス。
このアジムのあるボート、艤装、内装コルベット。
こいつが心にクルーザーズ、いったいおいくらすルアーズ。
アルマーお金が足りないなぁ、これじゃ買えないシーワード。
予算が少し足りないカボ、少し私にカーシンしゃい。
お金がない時ゃカリビアン、使うときにはバートラム。
返すなんてヤーディング、催促されてもシーレイっとね。
何言うオーシャン、ヨットるね、愛人なんてストレブロ！
母ちゃん一筋プリンセス、仕事を頑張んベイライナー。
そうすりゃいつかは買えるジャノー、いや絶対に買っティアラ〜！
これが男のボート道、じゃマハさせない、ボート道！
しかし……俺もトーハツ薄くなったなぁ。
ねぇ……買ったら、モキも乗せてね。

※『**自動車唱歌**』**のテンポでどうぞ。**

快晴
晴
霧または氷霧
煙霧
砂じんあらし
地吹雪
雨
霧雨
雪
にわか雪
雪強し
みぞれ
雷雨
あられ
ひょう

小谷和彦（こたに かずひこ）

昭和38年、東京・世田谷生まれ。

某放送局勤務。

ここ数年、海とボートから遠ざかると、なぜか体調が不良となる特異体質が発覚。よって通院するがごとく毎週マリーナ通いをしている重症ボート患者のひとり。苦手なものは意地悪、泥酔者、激辛。弱いものは一生のお願い、涙、犬のしっぽ。家族は妻ひとり、愛犬一匹。

NPO法人・海の会理事も務める。

クルマじゃなくてボートを買おう！ ～サラリーマンでも持てる、海の別荘～
2006年8月28日 第1刷発行

著　者　小谷 和彦
発行者　阿部 英雄
発行所　株式会社 教育評論社
〒103-0001 東京都中央区日本橋小伝馬町2-5 FKビル
TEL.03-3664-5851　FAX.03-3664-5816
http://www.kyohyo.co.jp
印刷製本　萩原印刷株式会社

ISBN4-905706-05-X C0075